之江国内品牌：  之江海外品牌：

杭州之江临江生产基地

从行业用户首选品牌，到中国房地产500强首选供应商、民族品牌5强……过去的二十年，之江在赢得瞩目的同时，一如既往地用创新力、执行力和高度的责任感迎接变革，聚焦国家建筑工业化发展浪潮，关注行业全装修标准，在工业、汽车、轨道交通、电子电器、新能源等多个领域厚积薄发。

中国建筑幕墙行业三十年突出贡献企业；
中国建筑装饰三十年行业开创型企业；
中金协铝门窗幕墙委二十年"可持续发展优秀企业"；
连续六年获"全国密封胶行业质量领先品牌"；
连续五年获门窗幕墙行业"用户首选品牌奖"企业；
连续四年获"科技创新优秀企业"；

连续三年获"全国质量检验工作先进企业"；
连续两年获"中国房地产开发企业500强首选供应商"；
2013—2017年"中国建筑门窗配套件科技产业化基地"；
"中国房地产供应商民族品牌五强"；
"全国建筑工程装饰奖（幕墙类）"获奖工程选材品牌第一名；
……

杭商

指导：杭州市发展研究中心
　　　杭州市社会科学界联合会
主办：杭商研究会
　　　杭州企业品牌发展促进会
编辑：《杭商》编辑部
出版：经济管理出版社

顾问（姓氏笔画为序）

王立华　王水福　王越剑　王　姝　冯仁强　叶　明　叶建宏　刘庆龙　齐　力
孙丽平　陈小平　杨　军　李　虹　李继林　李　玲　辛　薇　张振丰　陈　涛
陈妙林　杨国琴　陈　瑾　吴玉凤　汪力成　汪华瑛　宗庆后　郑桂岚　卓　超
胡征宇　赵玉龙　翁卫军　高乙梁　钱美仙　盛成皿　章　燕　裘　超　谭　飞

编辑部

社长／总编：马晓才
副社长：李　洁
副总编：楼燕红　季建强　徐青青
总编助理：陈玉磊

全媒体总监：何影丹
采访总监：邹　芸
编辑总监：沈　意
采访／编辑：沈丽萍　马三三　应　艺　蒋小贤　姚　兰　李　靖　周　珂

图片顾问：高　杨　吴宗其　张晓冬
特约主笔：黄亚洲　朱晓军　孙昌建　孙　侃　徐迅雷　柯　平　俞梁波　卢文丽
特约摄影：罗晓韵　匡　琰

法律顾问：京衡律师事务所主任陈有西

社务部地址：杭州市解放东路18号市民中心F座
编辑部地址：杭州市金城路439号发展广场B座

全媒体中心电话：0571-85068367
采访部电话：0571-85068763　85172735
设计部电话：0571-85157263　87703205
广告部电话：0571-85811315
发行部电话：0571-85102753

网址：www.cn-hsw.com
邮箱：460031076@qq.com
出版日期：2018年4月15日

战略合作：杭商传媒
　　　　　杭州海外企业家投资联合会

致敬四十年

006

与唐家三少、月关、管平潮等
网络文学大神面对面

072

Contents

目录

2018年4月　总第九十五期

演讲
06　致敬四十年
20　海尔的价值观

观察
28　改革开放四十年，中国做对了什么？

人物
42　宗庆后：我还要再干20年
48　陈　明：AI时代，仁心仁术
54　程江鸿：逆水行舟
58　刘　俊：老字号，新匠心
62　夏乾良：蛟龙入海
68　高艳静：信念的力量

访谈
72　与唐家三少、月关、管平潮等网络文学大神面对面

观点
86　"亲""清"新型政商关系应当体现"三化"

资讯
92　探讨国际化创新　共享城市美好
102　杭商海外财富管理中心成立

史记
110　闯关东：一部近代中国人的生存史诗
118　日本开国及维新背后的中国因素

读图
132　千岛之恋

乐享
142　吴哥

广告索引
01　之江有机硅化工
04　澳洲雅拉丹亭酒庄
26　重型钢管
37　西湖香精香料
46　汇成建设
71　紧商科技
88　田野提花
90　潮洪建材
104　港宇卫生用品
106　佳航过滤器
108　金迪木门
126　久工精机
128　开元管件
130　三得机械
131　浙江·安吉大年初一风景小镇
140　浙商开元名都
147　杭州西溪悦榕庄婚宴
148　舜达伟业
150　钱浪涂料
161　杭州盛泰开元名都大酒店
封底　开氏集团

杭 商 公 微

封面人物
娃哈哈集团董事长兼总经理宗庆后

LECTURE |演讲|

致敬四十年

□吴晓波/文

  人生有各种各样的相遇方式,有一种叫偶遇,在人生的拐角处,突然遇到你;有一种叫奔赴,虽千里万里,你一定要找到那个人;还有一种是等待,我在这片草地上,这片星空下,一定要等到你的出现;第四种相遇就是年终秀,此时此刻在灵山·梵宫遇见大家,非常感恩。
  这是我的第三场年终秀。
  但是今年呢,年终秀有些特殊,因为我们处在中国改革开放一个特别的时间点上——四十周年。很多朋友读过我那本《激荡三十年》,这本书已经出版十年了,写那本书的时候我还不到不惑之年。十年过去了,今年我又出版了一本书,叫做《激荡十年,水大鱼大》。
  我是一个写作者,也是跟这个国家一起成长的亲历者。

从1978年到2018年，这个国家就是一艘驶往未来的大船，她在风雨缥缈之中，每一代人离开她的时候，都心怀不甘和不舍。而下一代人，他们非常感怀自己的前辈，但是他们注定反叛，这就是这个国家正在发生的进步，也就是我们刚刚度过的改革开放整整四十年。

数据里的四十年

接下来我用几个数据，跟大家回顾一下，我们所有的国民们经历了一些什么事。

经济总量：1978年，中国经济总量在全球占到了1.8%，所以，中国是一个看上去非常庞大的国家但同时又是极其贫穷或者说微不足道的落后国家，今天我们是全球第二大经济体，经济总量已经占到了全球的14.8%。

人均GDP：40年前，我们的人均GDP只有384美元，在全球200多个国家中排在倒数第七位。2017年，我们的人均GDP达到9280美元。也就是说，我们是一个如假包换的中等收入国家了。

恩格尔系数——我们每个月赚得钱里拿出多少用于食品：40年前，我们每赚100元会有60元拿来买大米、酱油、鸡肉等。今天，大概全中国老百姓每个月赚的钱的40%用于食品，60%用于提高我们的生活质量，以及用于更多符合我们美好生活概念的商品。

摩天大楼：40年前，中国最高的大楼没有超过200米的，所谓摩天大楼是我们梦中想象的帝国大厦那类。今天，全世界最高的10幢大楼中有8幢是我们中国的。

世界500强：40年前，中国没有一家私营企业，一家都没有，全部都是国营企业，也没有世界500强。今天呢，2017年世界500强中我们的企业数量已经达到了115家，其中有超过25家是我们的民营企业。

中产阶层：1978年，全中国人民一样穷，中产阶层是一个要被反对、被鄙视的名词。大家都是无产阶级，啥也没有。今天，中国的中产阶层人口数量从0增加到2.3亿。除了美国以外，这比任何发达国家的人口都要多。

奢侈品消费：我们中国的年轻人实在是全世界奢侈品品牌最喜欢的人，全球每年奢侈品的70%是中国的年青人花掉的。而且这批购买奢侈品的消费者平均年龄39岁，美国奢侈品消费者的平均年龄是多少呢？比我们要大15岁。而美国网民的平均年龄比我们大5岁，从这个意义上讲，中国起码是一个比美国年轻10岁的国家。

汽车：1978年，中国一年的汽车产销量是10万辆，说起来很可怜，那时候几乎没有一个私人拥有汽车，如果你当时到一个县里去的话，只有县长和县委书记有一辆车，叫作公车。但是今天呢，中国是全世界第一大汽车产销国，到2017年年底，中国的汽车产销量将要达到2940万辆。汽车成为了很多中产阶层家庭的标配，一个基本的配置。

世界如何评论中国

1984年，中国开始搞城市体制改革，马路上出现了很多广告牌，可口可乐是当时一个非常重要的西方商品。再接着，就看到中国所有城市的围墙，一堵一堵地消失，越来越多的马

LECTURE |演讲|

路边开始出现个体户、商贩、民营企业。

2013年,《时代周刊》出现了一张封面——中国的今天非常危险,就像一个娃娃在吹泡泡一样,这个泡泡马上要被吹破了。

但是仅仅过去了4年,同样是这本杂志,刊登了一篇文章叫《中国赢了》。因为他们的总统特朗普要来中国访问,为了拿到我们2000亿美元的订单,不得不讨好我们一下。

你看,通过这一本西方的杂志,我们就会发觉,这个国家的变化并不是一天之间发生的,并且它发生在我们每一个人的身上。

到今天,举办我们这场年终秀的时候,改革开放将满四十周年了。今天在座的所有人、所有家庭,以及这个国家的每一条街道、每一栋大楼,都发生了巨大的变化。但是你会问,这怎么发生的呢?怎么解释呢?几乎所有的历史学家,都看到了这个国家的变化,但是都不知道该怎么解释它。

其中有一位代表人物叫费正清,他在20多岁博士毕业时就来到了中国。20世纪40年代中期,他写了一本书叫做《美国与中国》,这是西方学者第一次把中国和美国对照起来的一本书。1972年尼克松访华,公文包里放的唯一一本书就是这本。

在这本书中,费正清说,中国这个国家正在发生一场现代化运动,这场现代化运动最基本的特征是什么呢?是她决定放弃自己国家所有的传统和制度,然后把西方所有的文明和制度包括语言作为一个对应体,所以中国的现代化就是西方不断冲击我们,我们不断做出反应。

同时,这个东方国家所有的成功或者失败,是没有成为另外一个西方国家标的物的。在很长时间里面,这个"冲击—反应模式"是西方学者对中国即将开展的现代化道路的一种共识。

20世纪90年代初,在费正清去世之前,他又写了一本书叫《中国简史》。在这本书中他说,对不起,我错了。又经过50年的阅历和观察,他

■ 浦东的开发,不但让上海充满活力,更成为中国改革开放的一个样板。

说,中国的现代化发展很可能不是一个冲击—反应的结果,而是什么呢?是一个自身内在基因变革和内在发展冲动的结果。所以中国的现代化道路具有她自身的内在性和动力源。

但是很可惜,他写完这本书6个月以后就去世了。这个动力源到底是什么?内在需求到底是什么?他没来得及解释,而那个时候的中国还不像今天这样发展得让人恐惧。

又过了若干年,罗纳德·科斯,1991年诺贝尔经济学奖得主,新制度经济学的奠基人之一,在他102岁年去世前的最后4年,写了一本书——《变革中国》。他有三个结论:

第一句话,1978年以来中国的改革开放是"二战"以后人类历史上最为成功的经济改革运动。

第二句话，中国的经济总量在未来十几年内超过美国是一个大概率事件。当然他说我可能是看不到那一天了，我将长眠地下，祝福中国。

第三句话，虽然中国很成功，她的发展还会得到延续，但是，中国的经济发展，没有办法用传统的西方经济学来解释。中国改革的成功，是人类行为的意外后果。

美国的战略家布热津斯基，曾经讲过一句话：西方人关于中国的认识，有一半是无法理解的，另外一半理解了，但是对不起，理解错了。这是一个美国最杰出的战略头脑对中国的看法。

正是因为这些聪明的大脑，对中国的发展都有一个巨大的不确定性和认知的模糊，所以我们看到，在过去四十年里，中国经济发展的同时，一次一次——在《激荡三十年》和《激荡十年，水大鱼大》里，我简单算了一下，起码五次——1989年、1998年、2001年、2008年、2013年，有五次被西方学者认为，这个国家就要垮了。

做出这些预言的人，有的是诺贝尔奖得主，有的是全世界最杰出的金融投机家，有的被称为"末日博士"，是一个经济学天才，有的是律师，一次一次的预言认为中国经济可能崩溃。但是当我们今天做年终秀的时候，中国经济还没有垮。

那么，问题就来了，中国经济四十年发展走到今天，它的独特性到底在什么地方？我们到底做对了什么？或者说我们今天走到了怎样的一个阶段？

水大鱼大，水好水差？

上个礼拜我出了这本新书以后，去北京参加

LECTURE |演讲|

了一场活动，北京大学国家发展研究院主办的一场媒体见面会。周其仁老师也来参加我的活动。

我这本新书叫《激荡十年，水大鱼大》，"水大鱼大"就是在2017年4月杭州的互联网峰会上周老师告诉我的。当时我说我正在写一本书，关于2008年到2018年的中国经济史，如果用一个词来形容这个十年的话是什么。周老师一边吃着快餐一边跟我说，有一个词蛮好的，叫"水大鱼大"。后来我就拿这个词做我的书名。

上个礼拜在北大，他也做了一次演讲，关于我这本新书。演讲中他提到了一个很有趣的设问：中国经济规模发展得很大，过去十年经济发展得也很快，经济总量增加了2.5倍，变成了全球第二大经济体，城市化率增加了12%，那么，这个水和鱼——所谓的水就是经济环境、制度环境，所谓的鱼就是企业——到底是什么样的关系？

他说，如果说水不好，中国的经济环境很差，不适合办企业，那么115家世界500强是怎么来的？今天在座的各位是怎么来到这里？二三十年前我们在座的地方是一片农田，怎么变成梵宫的呢？如果水不好的话，怎么来的大鱼呢？在座的各位口袋里的钱哪里来的？2.3亿的中产阶层怎么出现的？没法解释。

如果水很好，中国有全世界最好的营商环境，是最适合赚钱的国家，那么为什么那么多鱼死掉呢？我写过两本《大败局》，我认识的很多聪明人都在那两本《大败局》里，中国每年有很

■ 四十年以来，中国是一个不断追赶世界的国家。图为改革开放前沿城市广州。

多企业非正常死亡，到今天还在发生这样的事情。他们为什么会非正常死亡呢？

今天很多的中国企业家，40年来在这个国家赚了很多钱，但是他们移民了。2016年，美国投资移民签了800个人，92%是咱们中国人。为什么要移民呢？他们为什么觉得这个国家不安全呢？那种焦虑从哪里来的？周老师提这个问题，今天在很多人的心目中，仍然是一个问号。

中国经济改革的四个动力

发生了什么呢？这也是我在刚刚过去的一年里，写《激荡十年，水大鱼大》时不断在问自己的一个问题。我在书里讲了中国经济改革的四个动力，今天拿来跟大家做一个分享。我们一定做对了一些事情，才能走到今天。

一、制度创新

这四十年的变革，是无数宏观制度、产业制度不断被创新，不断被重新设计的结果。所以制度的变革，一定是这个国家经济发展的第一动力源。

但是中国改革，为什么会有那么多鱼非正常死亡呢？最大的原因是，中国的制度创新不是顶层设计的结果，不是某一天有一群这个国家最聪明的脑袋，关在房间里，把12345写完，然后昭告天下：我们就按这个路线图一直往前跑。中国的制度创新建立在这么一句非常可笑的话上："所有的改革都是从违法开始的。"

这句话是20世纪90年代中期，我有一次到温州调研时听到的。有一个叫陈定模的人，请我喝酒时，在席间讲了一句话，他说：吴先生，你知道吗，中国改革开放，所有的改革都是从违法开始的，所以你必须要支持我。我当时听到这句话真的非常震撼，后来我把它写进了《激荡三十年》。

回过头来你想，中国的联产承包责任制、国有企业的放权让利改革、税收制度改革、社会保障制度改革、金融企业改革，哪一项改革是顶层设计的结果？哪一项改革不是基层老百姓、地方政府不断突破现有法律的结果？中国的制度创新，先天带有违法的特点。

二、容忍非均衡

最近有部电影大家看了没有？叫《芳华》，讲的是20世纪70年代中期，中国的一个文工团。如果时光回到70年代中期的时候你会发觉，这个国家其实也挺其乐融融的，每天敲锣打鼓，每天喊口号，每天饿肚子，每个人都一样的穷。

1978年以后改变了什么呢？当中国改革开放以后，每个人的心都变得很躁动。有的人开始听邓丽君的歌，有的人要考大学，有的人到南方开始倒卖盒带，一个集体主义、平均主义的国家彻底被改变了。如果用一句很经典的话说,这叫什么?让一部分人先富起来,这就是开始容忍一种非均衡的发生。

但是你会问,1978年以来是哪一部分人先富起来了呢?是那些智商最高的?长得最好看的?学历最高的?是这一拨人吗?不是的。因为当年这一拨人在政府里,在军队里,在高校里,在国有企业里,大家都挺安逸的,没有离开。

谁先富起来的?不是在座的人里面最优秀的先富起来了,而是那些最想致富的人先富起来了。

所以你会发觉,在过去四十年中国改革开放的过程中,一个人能不能成为优秀的人,跟你出生在什么样的家庭没有关系,跟你的智商高不高也没有关系,跟你所在区域资源丰富不丰富还没有关系,只有一个关系——欲望,你愿不愿意富起来,敢不敢为了致富而冒险。

与此同时,国家开始把一个平均主义的大平台彻底弄翻,国家提出来东南沿海优先发展战略。今天来的朋友如果是从东北、西北来的,你们听到这句话会很生气,但是从广东、福建、江苏、浙江、山东来的,你们就很高兴,因为你们属于那些被容忍发展的区域。

然后,我们对外企实行了超国民待遇。与此同时,我们在这个国家画了很多很多的圈,叫特区、开发区、实验区、自贸区、自由港,这就是一些被允许富起来的区域。这些区域中的人和企业获得了优先发展的机会。

三、巨国效应

这个词是我跟经济学家管清友2017年去瑞士时两个人聊起来的。他说中国的发展有什么原因?是因为各位的脑袋比欧洲人、美国人、印度人更聪明吗?我觉得我们比他们更勤奋,但更重要的是什么?是我们的确处在一个非常巨大的国家之中。

我写《激荡三十年》的时候,曾经用过一个例子。1978年年底,北京召开十一届三中全会,开完以后有一个美国人——柯达胶卷的全球总裁看到《人民日报》以后,飞到香港,站在香港遥望对岸,心潮澎湃:我终于找到一个能发大财的地方了,那里有10亿人口,每一个人买我一个胶卷的话,就是10亿胶卷,买两个就是20亿胶卷。

别的没有多,就是人多。

所以你看,四十年来我们的发展跟巨国效应有巨大的关系。1978年,这个国家只有不到12%的人口居住在城市里,今天多少呢?今天将近60%了。1990年,中国还没有所谓的中产阶层,今天有2.3亿人了。

■ 改革开放四十年,深圳从一个小渔村蜕变为国际化大都市。

至于中国的互联网人口，今天中国有2家互联网公司，一个叫阿里，一个叫腾讯，交替成为亚洲市值最高的公司。是两个马老师长得很好看吗？是他们的智商比身在硅谷、伦敦、巴黎、东京，同时代的这些60后、70后更聪明吗？好像不是的。

随着互联网人口的增加，中国一定会出现1~2个亚洲市值最高的公司，创始人不重要，重要的是一定会出现这个人。为什么呢？因为我们有太多的互联网人口了。你推出了一款网络游戏，在别的国家有100万人玩，在中国可能同时在线8000万人。

所以，人口基数、人口红利给很多中国企业造就了巨大的优势。

四、技术破壁

任何一个后进国家、发展中国家，不断进步迭代，依靠的是两种能力。

一种是制度变革，但是有一件事情挺可惜的，直到今天还在发生，就是：制度是可逆的。现在很多民营企业家朋友抱怨，说什么呢？说我们的政策，像个旋转门，门开了进去以后，转着转着我又回来了，又像天花板，这个天花板有的时候有，有的时候没有。这就是制度的可逆性。

但是，有一个东西不可逆，叫作技术变革。各位想想，今天中国很多的产业变革，金融产业变革、通信产业变革、媒体产业变革，是制度变革带来的吗？不是的。所有的牌照仍然牢牢地抓在有关部门手里。但是，因为有技术的革新，使

■改革开放四十年，杭州从西湖时代跨入钱塘江时代。　韩建明 摄

得你的很多牌照变成了一张废纸。技术破壁是一种新的不逆的动力。

所以你回过头来看，这个四十年来，中国的发展是一轮接一轮浪潮的结果。

20世纪80年代，中国制造业的发展是一个全球化背景下产业大转移的结果。欧美国家随着他们劳动力成本的提高、能源价格的上涨、白领人口的增加，没有人愿意去工厂，怎么办呢？好，把大量的工厂腾挪到亚洲地区。刚好这个时候，中国打开了国门。所以整个80年代，中国是一个进口替代，打开国门迎接全球化的过程。

到了20世纪90年代中期，中国劳动力成本也开始提高，制造业开始出现饱和了，这个时候出现了互联网经济。中国赶上产业革命的末班车，同时赶上了互联网革命的头班车。

从20世纪90年代中后期以后，互联网发起了一次又一次的冲击，改变了我们人和消费的关系、人和商品的关系、人和服务的关系、人和金融的关系，从2016年开始改变了人和资本的关系。

在全球制造业产能过剩的背景下，中国又出现了中产崛起和供需错配。吴晓波频道在很长时间里是新媒体领域传播新中产者、消费升级的一块重要阵地。我们所呼唤的、所关注的商业模式，都跟这部分有关。

同时，展望未来，我们看到了很多技术革命，也看到了新能源革命、材料革命、基因革命等，而这些革命又跟中国的资本和内需增长，发

生着重大的应和。

你看，所有的这些变化好像是一个国家、一个人在不断往前走的过程中，老天爷在不断地提供帮助。所以如果讲一句开玩笑的话，1978年以来，如果有个"上帝"的话，他可能是我们中国人。大家说对不对？我们真的非常非常幸运，生活在一个好的商业时代。

所以说，我们经历了恍如隔世的四十年。十年前我在写《激荡三十年》的时候，曾经写下这样一句话：当这个时代到来的时候锐不可当，万物肆意生长，尘埃与曙光升腾。江河汇聚成川，无名山丘崛起为峰，天地一时无比开阔。这就是我们刚刚经历的四十年。

向他们致敬

四十年的中国改革，我们需要向一些人致敬，这些社会阶层做出了重要的贡献。

向哪些人致敬呢？

第一个需要致敬的是农民工。今天有一个词叫鄙视链，一个阶层一个阶层地向下鄙视，可能在众多阶层中农民工处于鄙视链的最底端。但是你要让我致敬的话，我第一个致敬的是农民工，2.3亿农民工。

中国的农民，在改革开放初期，通过联产承包责任制解决了我们的粮食问题。但是他们要进入城市的时候，发觉这个国家的户籍制度有各种各样的限制，然后他们退回去，洗脚上岸创办了中国的乡镇企业。中国城市化以后，他们又以不真实的身份进入城市，付出他们的劳动，今天仍然是中国城市化建设的主力军。

2017年年初，我曾到上海去参观一座大楼，632米的上海中心。上海中心的负责人给我讲了一个故事，说我们这里有一个安徽的农民工，泥瓦工，参与建造了这座上海中心。建完的时候，他老家的未婚妻来找他，问他这两年在上海干什么了？那个小伙子说，我明天带你去看一个地方，然后他们就到了浦东陆家嘴。

站在马路对面看着600多米的大楼，那个小伙子对他女朋友说，这个楼是我参与建筑的。但是，我没有钱带你进这个楼，里面的东西没有我买得起的，可是没关系，在这栋楼最高的地方，我刻了你的名字。

这是一个很残酷的浪漫故事，对吧？他就是一个大忽悠。总经理跟我讲，上海中心的顶楼，刻了8000人的名字，就是这些农民工的名字。所以，第一个需要致敬的是付出了他们的血汗，得到了非常不公平待遇的这些人。

2016年，我们曾经拍过一部电影叫《我的诗篇》，当时得了上海国际电影节的纪录片大奖，还曾请过几位工人诗人来到我们的年终秀现场。我知道今天在座的有很多我的朋友，吴晓波频道的读者，大家用各种各样的方式支持过《我的诗篇》的拍摄和播映工作，在这里谢谢大家。

在座各位里有当老板的吗？对他们好一点，好吗？年底到了，千万不要克扣他们的工资。

第二个需要致敬的群体，他们站在鄙视链的最顶端，但是仍会被我们鄙视——说1个亿还是一个小目标——这是我们第二批需要致敬的人，叫作企业家。

在1978年以前，大家在这个270度环屏上看到的每一个人都是不存在的。1978年以前的中国没有一家私营企业，今天多少呢？2000万家。中国今天是一个拥有2000万家私营企业的社会主义国家，这是在社会主义历史上从未发生过的事情，也是所谓的中国特色经济改革的一个重要特征。

他们在过去几十年里，改变了自己的命运，同时改变了这个国家。很多人觉得，这一拨人血管里流的血液都是金色的。我接触过他们当中的很多人，一开始我也觉得，你们为什么要经商，为什么要做企业，因为爱钱。没有一个企业家说我不爱钱的。

但是你可以发现，这些热爱金钱的人，把企业做到一定地步的时候，所赚的每一分钱其实都跟日常消费没有关系了。他们在相当的意义上承担着社会责任，解决了几十人、几千人、几万人、几十万人的就业，这些就业者的背后就是几十万的家庭。

这些不确定的冒险改变了中国一个个产业、一座座城市的面貌。所以这些人的出现以及容忍这些人出现的制度环境，是我们第二个需要致敬的。

第三个需要致敬的群体，大家可能觉得很奇怪，是我们的地方干部。

这一部分人，在今天其实挺郁闷的，甚至很多关于中国改革史的文章说，中国四十年改革开放是什么呢？是人民崛起的结果。在人民崛起的过程中，有一些被革命者，一些被改革者，他们是谁呢？就是我们的地方干部。

一开始我也是这么想的，但是今天，我要跟大家分享的是，回望四十年，这部分人同样是需要我们致敬的。

有一个词叫作地方政府公司主义，这个词是我们的一位老前辈张五常在他的《中国经济制度》书中第一次提出来的。他说你到欧美国家去，只要是有点知名度的人，一个地方的市长、州长都能够接待你，花半个小时聊一聊。而中国的县长县委书记、市长市委书记，忙得要命。

所有的县委书记、市委书记，就是董事长。所有的县长、市长，就是总经理，他们跟我们做企业一样，背着KPI，我们有营业收入、利润率、净利润，他们有GDP、财政收入。所以张老师说中国的情况是，每一个地方长官都把自己所在的地方当作公司一样来经营，所以他说是地方政府公司主义。

大家看到这个很瘦的老头子叫谢高华，他曾经在浙江中部的一个县——义乌当过县委书记。今天的义乌是全世界最大的小商品集散中心，但你在中国地图上看，要找一个地方能够成为全世界最大的小商品集散中心，打死都不会想到义乌，那个地方交通不好，旁边也没有什么产业基础，就是金华中部一个特别小的县城。为什么它今天能成为全球最大的小商品集散中心呢？

没有什么道理，20世纪80年代初，就是这个小老头，在全中国所有的县里面第一个允许老百姓在马路边摆摊卖东西。然后下雨、下雪时，摆摊的老百姓很可怜，怎么办呢？搭一个棚吧。这个棚搭起来，就是中国的第一个小商品交易市场。

中国有成千上万的谢高华。所以有的时候你会觉得很有趣，到中国的一个县、一个市里去，你问他们市长是谁啊，有很多人不知道现在的市长是谁，但是会记起十年前、二十年前，甚至三十年前某一个人的名字。

就是这些人，决定性地改变了一个地区的经济面貌。他们手上有比欧美国家市长、州长大得多的权力，但是同时他们的创新、他们的努力也需要比欧美的市长、州长承担更大的责任。对谢高华来讲，允许农民在马路边摆摊这件事本身就是违法的，他是需要拎着乌纱帽去干这些事情的。所以我们要致敬这些拿着自己的前途去赌博的地方干部改革者。

第四个需要致敬的群体，是很多今天来到现场的朋友们，包括很多收看我们直播的朋友们，他们的名字叫作创业者。

如今中国每一天有多少个企业创业？一百个、一千个？是一万个，中国每天有一万家企业创业，今年诞生了360万家的新注册的企业。但是很遗憾，它们中的95%会在18个月内死掉。所以中国是一个非常多年轻人创业的国家，同时也是创业失败率非常高的国家。

我在讲课的时候，常常有人质疑我这件事情，说吴老师这个东西是不道德的，那么多人创业，那么多家死掉，消耗了那么多的资源。

于是我问他们，你看这些创业者中，有哪些人因为创业自杀了吗？每年中国有很多人自杀，因为失恋、抑郁、欠债自杀，有因为创业而自杀的吗？没有。所以这些人，都是拿着自己的生命，拿着自己的时间，在创业过程中成全了自己的人。这一部分人，也是我们需要致敬的人。

四十年以来，中国是一个不断追赶世界的国家。

汽车是什么时候诞生的呢？1886年，奔驰汽车被发明出来；1908年，福特发明了T型车；到1917年，当美国已经自称是一个车轮上的国家时，中国才有了第一个外商独资的汽车工厂。

到1931年的时候，张学良在东北开始造汽车，但是很可惜，很快被九一八事变打断。到了1957年，中华人民共和国建国十周年之前，毛泽东说，我们必须要能够自己造一辆汽车，于是1958年中国有了一辆自主研发的汽车，叫做红旗轿车。

1983年，我们有了桑塔纳。到了2009年的时候，这是中国工业史上一个极其光荣的时刻，中国的汽车产销量达到1630万辆，超过了美国，成为全球第一汽车制造大国。一百年时间里，经历了第一次世界大战、第二次世界大战，战后的经济发展，都没有一个国家的汽车产销量超过美国。

汽车是工业制造皇冠上的一颗明珠，2009年中国汽车产销量超过了美国，到今年我们的汽车产销量从1600多万辆增加到2900多万辆。但是接下来会增长到3500万辆，会增长到5000万辆？不是，汽车在后工业时代，在工业4.0时代，进入到了一个新的阶段。

2015年，全中国、全世界都开始赌新能源汽车。2017年，北京有一位同学已经开了一辆无人驾驶汽车到二环去逛了，还交了罚款，很得意地

■ 有梦想才有未来

发了一条新闻稿。到2020年，新能源汽车将量产化，到2030年，无人驾驶汽车将量产化，一百年来，从这个例子我们就可以看到发生的无数变化。

林肯是我们这一次年终秀的赞助商。这家企业过去的几年里，在中国地区的销售量不断增加。他们进入中国以后所处的这个时代，并不是1983年桑塔纳所处的时代，也不是1990年通用进入中国所处的时代，他们是一个后进入者。我们看到他们的用户出现了这些特点，叫作展现自我风格信念、重视生活体验与感受、关注人文底蕴与精神，这是他们进入了一个新中产时代的结果。

所以，每一个商品、每一个企业，在这个国家的四十年中，获得成功的因素都是不一样的。早年的时候，可能是满足了某一种短缺的需求，但是在今天，所有的商品全都过剩，所有的差异化全都被抹杀，这时候你需要用什么东西才能触发购买。不仅是林肯，也是很多中国公司需要面对的问题。

今天我们所在的这个地方叫作灵山·梵宫，20年前它就是太湖边的一块稻田。太湖曾经有一段时间，污染非常严重，是整个中国东部地区绿藻丰富度最高的水域。所以，它周边地区的工厂全部拆迁，农田不允许向太湖直接排污。

然后有人开始在这里做旅游，建了一尊佛——灵山大佛。如今这个地方每年都会接待几百万的游客。拈花湾的这些场景，在十年前、二十年前是难以想象的，为什么它们能够出现，是因为整个中国中产阶层的收入、需求、消费发生了重大的变化。

四十年来，这个国家的经济面貌不断改革，而我们每一个人的生命也发生了重大的变化，甚至，每一个企业在这个国家能够存在的模式也发生了很大的变化。而这些变化的背后，会有很多的苦难、很多的焦虑、很多的寂寞，需要无数人的付出。

2018年是中国改革开放四十周年，我记得我二十多年前大学毕业的时候，进入工作岗位，很多前辈比我大十来岁，他们是谁呢？是1978年改革开放以后第一批高考的大学毕业生，也就是50年代末、60年代初的这一拨人。

如今我经常会接到一类电话，说晓波你来看看我。干嘛？我要退休了。我当年认识的很多老大哥，在这两年都要退休了。我简单算了一下，差不多，1978年以后，四十年，他们当年二十来岁，所以这一波人经历了整个改革开放的时期。

再过五年、十年，又有一代人会退休，然后80后、90后、00后会不断地崛起。在这样一个过程中，我们看到每个人都在思考一个问题：我跟这个时代有什么关系？我有没有辜负这个时代？这个时代有没有辜负我？

在《激荡十年，水大鱼大》这本书中我写了这句话：这个时代从不辜负人，它只是磨炼我们，磨炼每一个试图改变自己命运的平凡人。有人叹息青春散场，历史已经结束了，要写回忆录了。但是可能今天更多的人开始吟唱：世界如此之新，一切尚未命名。

责任编辑/沈丽萍

LECTURE | 演讲

海尔的价值观

□张瑞敏/文

[编者按] 1月5日,张瑞敏刚刚度过自己69岁的生日。这个摩羯座的耿直男子,创建了全球白电第一品牌海尔,因其对管理模式的不断创新而受到国内外管理界的关注和赞誉。有人说价值观是管理的内化,接近古稀之年的张瑞敏,在近期的讲话中也阐释了海尔的价值体系框架。

此文系2017年12月26日张瑞敏在"纪念改革开放四十周年暨海尔创业三十三周年研讨会"上的发言。有删节。

今天是我们创业33周年，刚创业时这里是一个资不抵债濒临倒闭的小厂，那时候我只有35岁。发展到现在的程度，我觉得主要是创建了价值体系，而且价值体系不断沿革。其实所有企业都应该有一个价值诉求，到底想干什么。我认为一个企业如果没有为社会贡献价值，这样的企业就不应该存在。但一般企业会把利润当成价值。其实利润是价值的结果，但不代表价值全部。就如同人吃饭是为了活着，但是活着并不仅仅是为了吃饭。有很多企业把它狭义地理解为，我只要有利润就行，更有甚者为了利润不择手段，这显然不行。

另外还有一种情况，就是获得了价值之后从此一成不变，时代在变我也不改变，只是按照曾经获得价值的方式一直延续下去。这就如现在的柯达、摩托罗拉、诺基亚等。跟不上时代，原来的价值可能就可能变成负债。

海尔的价值诉求应该是什么呢？就是董事局大楼前面的那一个不锈钢雕塑，那是一个巨大的水滴。其实就是用了《道德经》中"上善若水"的比喻。"上善若水，水利万物而不争"。世间万物离开水都不能生存，但水从来不会说我滋养了你，我要获取什么，我要索取什么。其实企业就是这样，你只是为了促进社会进步，你还想索取什么呢？这样的价值观非常重要。如果离开这点企业一定会走上不归路。

从这个主题出发，我们可以来看一下。先看这一个价值体系框架。

我们必须要创造一个价值体系，但这个价值体系的前提就是必须有正确的价值观，价值体系要产生有影响力的推进社会进步的价值成果。这三者有前因，有后果。内涵体现是什么？价值观是"人的价值第一"。这一点我们与全世界很多企业价值观不一样。

现在世界工业革命以来的企业价值观，无非是像西方所倡导的股东第一，股东第一就带来了问题，因为股东并不代表你可以创造的用户价值，也不代表用户需求。如果你按照股东第一来做，只满足短期利益指标，就不会把人的价值发挥出来。

我们有很多企业，现在做的很好，但过了几年后不见了。回想起来它究竟给你创造什么价值呢？没有，因为没有创造一个可以引领社会进步的模式。比如说福特，它就可以被人类所记住，因为它当时创造的流水线可以给社会带来进步，让每个家庭都可以买得起汽车。

从横向来看，我们这一个沿革路径基本先是从0到1，然后从1到N，再从N再到1。其中，零到1，这个1不是做成一个多么大的企业，而是展示双创文化；1到N，就是双创文化，延续到了我们兼并企业，延续到海外，这就是实现做大做强，做成一个国际化公司；然后再从N到1，这个"1"就和前面已经完全不一样，这是物联网时代的1，是网络的节点。

海尔创业以来大体上可分为十年一个阶段。从0到1，是从1984年12月创业开始，一直到1995年5月，我们总部搬迁到海尔园，差不多十年多时间。然后1995年5月开始，一直到2005年9月20日，提出来"人单合一"，差不多也是十年时间。再从2005年9月20日，一直到现在，也是十多年时间。所以基本就是这么一个框架，这里人的价值，就是从0到1的双创文化。就是我们为什么能够从一无所有起步创出名牌，就是靠"上下同欲"的拼搏创业精神。

其实我们从一开始，真就是靠上下同欲的拼搏精神去做的。记得那时我们为了能够在整个国内把冰箱做到第一，其他的一切都是手段，都要服从于这个目标。比方说那时候要经常跑北京批文，只要一说要到北京去，马上就出发。那时候火车票是稀缺资源，不可能买到火车票。所以到车站五分钱买一张站台票，先上了火车，可能要站到北京，也可能中途找到地方坐下来。但不管怎么样，目标是到北京，其他一切都无所谓。到了北京之后住不到好宾馆，其实当时也没有太好的宾馆，有好的也住不起。为什么？没有钱。那时候要求不能住超过十元一晚的宾馆，一般住五六元的宾馆，从我开始都要这样。有次住进北京一个招待所，十几个人一个房间，上厕所要打着伞。为什么？楼上卫生间往下漏污水。

当时北京最有名的四大商场，谁能够进入谁就能够占据很优势的地位，我们邀请他们去看我们的产品，人家根本都不去。好不容易请到西单商场冰箱组的组长到招待所去。他看到我们十几个人住的大房间，冰箱放在中间。可能恰恰是被这一种精神感动了，最后他决定一定要引进我们的冰箱。所以我们长期以来和西单关系一直很好，一个原因就是北京四大商场中第一个让海尔进驻的就是西单商场。就凭这样一种精神，可以让我们在非常艰苦的情况下比别人做得更好。

到德国利勃海尔培训时，在西德，其实中国去的有三家，除了青岛人，杭州和武汉也都有人去，我们去的人，每天晚上学习到十二点，甚至到一两点，星期六、星期天也不休息，后来德国专家就跟我们讲，他们都觉得受不了了。但我们去的人一定要把这些东西都吃透，而另外两家看了以后，说这个很简单，为什么要培训十几天的时间？太长了。就向德方要了一些马克到附近去游玩了。

德国人当时说了一句话，说青岛来的中国人，和其他中国人不一样。其实不一样的就是这种创业拼搏精神，恰恰事后也证明了这点，杭州的那家公司现在见不到了，武汉这家让我们兼并了。

砸冰箱其实是这种精神的一种延续。那时候所有企业都认为只要引进国外先进设备，就能够生产出和他们一样的产品。但我们认为再先进的技术和设备在我们手里面也干不出来和德国人一样的产品，因为当时人的素质根本没有人家那么高。砸冰箱是为了提高人的素质，是拼搏精神在质量上面的一个体现。

自主管理班组是当时我们最早的"人单合一"，当时有几个班组做得比较好。我们让他变成一个自主管理班组，自己决定怎么干。干的最好的就是一个做门封条的，当时基本是半机械化，还有很多工作靠手工。结果他们变成自主管理班组之后，自己想方设法加快效率。很简单的一个例子，上班之后通上电加热，要40分钟。他们自己决定轮流每天早来40分钟先加热，这样上班之后大家就可以开始干。如果干得不好，大家有责任帮助干得最差的那个，这个小组做的非常好。我们当时想推广，但推广不开。主要原因不仅是没有互联网，更重要的是你没有办法给干得更好的团队更多钱。因为青岛市规定了每个企业的工资总额，想多开一分钱都不行。所以我们就想了很多办法，从其他地方搞了一点钱给他们加一点奖金，但全厂都推广就推广不了了。不管怎么样，这算是最早的"人单合一"种下的一颗种子。

正因为这样我们才可以在1988年，不到4年内创造了中国冰箱史上的第一枚金牌，那时候冰箱企业很多，可能几百家，大家都来争。这一个金牌其实它的含金量就在于创业创新的精神。

创业精神正式提出来，就是在90年代。

1995年我写过一篇很短的文章。就是《海尔只有创业没有守业》。当时是从"贞观之治"时候唐太宗和他大臣一段对话中有所感悟。当时唐太宗问他的大臣，说今天我们夺了天下，草创与守成孰难。大家各抒己见，最后唐太宗说草创已经过去，今天我们面对守业，守业比创业更难。我根据这一段话说，对海尔来讲只有创业没有守业，如果变成守业是守不住的，只有永远的创业，永远在路上才有可能把这个事业做大。到后来我们就把它放在《海尔报》上，演化成了就是"双创精神"，创业和创新精神。其实我们提出这个差不多有二十年时间。

双创精神从"1"扩展到"N"。目标是要变成做大做强。为什么能够从小到大，由弱变强，创造国际化公司和名牌？就是双创文化的延伸。1延伸到了N，延伸到了其他的领域。比如说吃休克鱼，1998年哈佛商学院把它做成一个案例。其实我们那会儿兼并了18家企业。当时很多企业都在做兼并，但是他们恰恰是被兼并企业拖垮的。我们兼并了这些企业之后，例如红星洗衣机厂，就按照哈佛商学院的案例，对所有兼并企业，我们派去的人从来不会说给你补贴多少钱，去的人只是带去一种创新文化，转变他的观念，首先是从质量入手，出了质量问题，谁是头谁承担责任。

有的被兼并的企业说现在产品卖不出去，为什么卖不出去？再一看因为原来质量很差。人家商场要退货，你不给人家退，就压在那里，我们派去人就到那商场去告诉他，所有责任全部我们承担，全部退回，并且承诺再进货不但保证质量好，而且出了所有问题都负责，人家就马上进货了。

兼并合肥某电视机厂的时候也遇到过员工闹事，甚至拿啤酒瓶把我们派去的人头都打破，他们的要求很简单，就是不可以再采取这么严厉的管理办法。我们说可以。不过这个到底算不算严厉？你们出的产品质量这么差，让你提高质量，解决问题你觉得很严，过去你们可以上班打毛衣，上班聊天，但没有钱开工资，已经破产两次，既然你们要闹事，可以。停产无限期讨论，到底这样做对不对？讨论的结果如果是这样做不对，不能用这一种创业创新精神，还是要恢复到原来的状态，我们就撤回来，不要这个厂。如果你们认为应该提高质量，我们就制定出具体的措施。

这个案例最后也写进了哈佛商学院，最后他们全体签字同意按照海尔要求去做。其实不是海尔的要求，是用户的需要，这件事在安徽引起非常大的反响，因为职工闹事非常多，我们是唯一一个以这种方式处理的。当然还有其他的一些方法，但不管怎样，我们兼并了18个企业，都从亏损扭转为盈利，很重要一个原因就是双创精神的延续和扩大。

在海外我们一直坚持创自己名牌，而不是为名牌代工，今天为止可以看出来，中国家电在世界上占一半，但自有品牌不到3%。这3%里头80%以上都是海尔的。因为很多企业都是靠给人家代工。其实你知道，这在某种意义上也没办法，因为国际上认为，要在母国之外创出名牌，至少要亏八年。

很多企业觉得我为什么要亏损？我可以给你做代工，现金流、利润都有保证，少一点无所谓。但我们当时决定亏也要亏出一个世界名牌。其实我们贴上去的钱大概很多。200亿元还是300亿元，这个算不出来，反正多得不得了，至少我们在最低谷那一年，整个集团利润率才1.2%，但现在我们很多产品都会达到10%。那时候我们基本亏到底，但我们咬牙创出一个名牌来。所以这是我们被欧睿国际评价为连续九年蝉联全球白电第一品牌的原因。

第三个从N到1，这时候的"1"不是原来的双创精神了，而是指每个人变成一个网络节点。这是为什么能颠覆经典管理，创造物联网时代的引领模式。双创文化基因就是永远"自以为非"而不是"自以为是"。这里面首先企业要成为创业组织的网络节点，我很同意凯文·凯利的话，企业一定会消亡，组织不会消亡。将来企业组织形式会不会存在？可能真的不会存在。

前几天国外来几个学者，老是问海尔怎么做到扁平化？我说不是扁平化，是网络化。扁平化和网络化不是一回事，扁平化指管理层级少，但网络化是指每一个组织每一个人都可以在网络里生存，所有资源都可以在网络上获得。企业成为网状组织，每个小微都是自组织的节点，小微中的每个员工都是"自主人"的创客。

前几天我到广州参加财富杂志论坛，借机会到韶关南华寺看了一下。南华寺被称为禅宗祖亭，禅宗六祖慧能在那里讲经37年，肉身还在那。我为什么刻意去一次呢？慧能这个人真的非常不得了，他不识字。但说的话非常有道理，有一句话叫"下下人有上上智，上上人有没意智"。就是最底层的人有最高的智慧，身居高位的人可能没有智慧。我们的"人单合一"，就是给每个人创造一个机会。毛主席有一句话，我们上学时都学过，"卑贱者最聪明，高贵者最愚蠢"。不是说身居高位人就愚蠢，而是说智慧都在民间，都在最底层，都在最基础的地方，能不能给他们创造机会？

其实哲学上也一样，德国哲学家康德，他生前最后一本书《实用人类学》，里面解答了一个问题：人是什么？这是一个千古难题，康德认为，"人具有一种自己创造自己的特性"，怎么叫做自己创造自己呢？就是我可以把我的潜在价值充分发挥出来，拥有一个新我。

以"人单合一"将各个网络节点聚为沙拉式的体系，这就是我们在海外的复制。

价值体系方面，首先从0到1来看，这一部分体现的就是质量溢价。当时以顾客永远是对的这个理念，倒逼员工提高素质。我们给大家一句口号，用美国一个连锁店提出的概念，就是如何对待顾客的原则。原则一，顾客永远是对的，原则二，如果你感到顾客是错的，请参考原则一。每个冰箱上面贴着一个质量跟单，要说明每个工序都是谁干的。出现问题一定要追溯，并不一定要罚他，而是让大家知道我要和顾客连在一起。

我们还有首创的"上门服务五步法"。当时上门服务缺乏统一标准，我们自己制定了一套标准，比方说进门戴鞋套，不能喝人家水等，后来行业里面慢慢大家都跟着学。

这就是所谓的质量溢价，通过质量观念传递，实现高收益。当时商场里卖冰箱，有一个规定所有冰箱都要开箱检查。因为当时很多冰箱竟然插上电都不制冷，也不转。只有海尔冰箱例外，不用开箱，买了之后直接拉走，保证你不会出任何问题。其实这个质量溢价，卖的不是高质量，卖的就是一个诚信，卖的就是保证。

1到N，就是从质量溢价到品牌溢价的过程，高质量基础上升为品牌溢价。我们当时为什么要兼并那么多工厂呢？很重要的一个原因，那时国家规定你是做冰箱的你就不可以生产洗衣机。所以我们一下子兼并了18个企业，进入到很多行业，洗衣机，空调，冰箱，电视机等的，都进入了。海外我们也是先难后易，先到发达国家，后到发展中国家，这和当中国走出去的企业相反。很多人是先易后难，我们当时的概念是找高手下棋，找一个比你更差的下棋，棋艺永远不会提高。

N到1，是从品牌溢价到生态溢价。以社群体验迭代的生态价值，颠覆传统产品价值。并体现在以"用户乘数"为理论基础的共赢增值表上。其实你看在互联网时代，很多传统品牌溢价已体现不出来。为什么呢？他要做电商，电商只能够是传递你原来的价值，而创造不了新价值。

在物联网时代，讲究的是社群经济、社群体验，过去开发是一次性、瀑布式的。现在必须要是迭代式的，这就需要不断改变，创造一个生态价值。

从1到N传递价值，从开始做大商场，到后来建立全员全流程传递价值体系。售前主要是研发和广告，售中主要是质量控制，售后主要是即时送达。这是与传统通过代理商压货体系完全不一样的。我们的营运资金资金周转天数达到负10天，这个数负得越多越好，在行业里面，比较差的可以达到正30天，这意味着你需要很多营运资金才能周转，可能要到银行借贷。我们为什么可以达到负的？因为我是零库存，也没有很多应收账款，这是就一个全流程体系。

从N到1的是以生态圈而非电商平台传递价值，这一次传递价值又改了。不是我们自己建立一个全流程体系，而是以生态圈传递价值。现在我个人认为，要么你拥有平台，要么被平台拥有，我们一定要建立自己的生态系统而不是只进到电商平台。在这个生态圈里各方都应该利益最大化。现在COSMO平台和大顺逛都是这个概念。

物联网是用户个性化需求，需要场景服务。这里面最重要的就是人的情感。这个人工智能解决不了，人工智能不可能把人的意志搞清楚。我们为什么说一定要搞社群经济？为什么要搞三个十万：十万个社区，十万个行政村，十万个车小微。就是认为一定要和人当面交流，当面接触。而计算机在可预见未来却根本做不到这一点。

下面是价值成果，体现为引领模式，即0到1这个阶段，我们引领模式是日清工作法，即"日事日毕，日清日高"。重要的是"高"，当时我们提出来，就是如果你每天能够比昨天提高1%，72天就可以提高1倍。如果每大都比昨大提高10%，一个星期就可以提高1倍，翻一番。所以你每天必须都要有提高。这是日清工作法的一个核心，日高，每天都提高，每天都要前进。

北宋的学者有一个评价，日新者日进也，不能日新者日退也。意思就是说日清是每天都前进，每天都提高，如果不能日新必定日退。到今天对我们都有重要的意义，日清工作法还是作为我们的基础。

1到N时代，我们引领模式是SBU，策略事业单位，其实就是为这一个"人单合一"做铺垫。当时一下子把集团内部分为很多小的单位，要大家各自去发展。1993年时我写过一篇文章，当时一个热播电视剧唐明皇，我写了一篇文章《从"盛也玄宗败也玄宗"谈起》。唐玄宗李隆基是历史上是非常有能力一个人。武则天之后对大唐复兴有非常重要的作用，最后安史之乱彻底毁了，现在把安史之乱的罪过安在杨贵妃身上。实际唐玄宗非常大的一个问题是太自以为是，已经有人看出安禄山狼子野心向他汇报了，他不相信。最后酿成大祸。我在那时写其实想让每一个人成为责权利的主体，人人是经理，人人是老板。

最后就是人单合一模式，现在看整个我们这一个体系，不管纵横都成为一个逻辑关系。先从纵向来看，先是有双创的拼搏精神，然后把这种精神延伸，才可以在国内外兼并18家企业，因为有双创文化这种自以为非的基因，才能在互联网时代实现自我颠覆。因为有质量溢价为基础，所以才可能有品牌溢价。因为有了品牌溢价，才可能再转为生态价值。

传递价值也是这样，先通过诚信单位的传递，然后再可以转换自己建立全员全流程体系。然后到现在，才能变成生态圈系统，而不是靠电商。引领模式也是从日清工作法来延伸，没有日清不会有SBU，没有SBU也不可能有"人单合一"。这是横向的，纵向的也一样。

前两天来了一个外国学者，我送给他一本《孙子兵法》。并且把《孙子兵法·虚实篇》中的一句话写在扉页，又跟他讲了一下。"故兵无常势，水无常形，能因敌变化而取胜者谓之神。"两军排兵打仗布阵没有固定的阵型，就像水流动没有固定形状。如果能变化在敌方的前面，以变制变取胜就是战神。但没有什么人能够永远比对方变化快，只有根据时代的变化永远踏准节拍，才能够持续做出正确的决策。对我们来讲，就是要用"人单合一"，让每个人成为创客，成为自己的CEO，以共同面对时代巨变，在时代变迁中持续引爆引领。

（作者是海尔集团董事局主席）

责任编辑/沈丽萍

公司成立于1993年，专业从事建筑钢结构用钢管、电力输送工程用钢管、水煤气管道工程管、机械工程用结构管和市政工程用钢管的制造，是集生产、经营、贸易、服务和技术开发为一体的专业性公司。注册资金3980万元，拥有固定资产1.6亿元，占地8.5万平方米。

公司生产设备较为先进，检测手段齐全，拥有多条自动化程度较高的高频焊管生产线和埋弧焊管生产线。生产的钢管主要应用于大跨度网架工程、建筑钢结构工程（火车站、机场、体育场馆钢结构工程）、电力及超高压输配电工程、机械工程、跨海大桥、桥梁、市政管网、基础打桩、水煤气管道和公路建设等配套设施。在国家、省、市的多项重点工程及国际钢结构工程中，留下了公司产品坚实的足迹，特别是近几年的主要跨海大桥、桥梁都使用了公司的产品，如厦门演武跨海大桥、杭州江东大桥和九堡大桥等。

公司系中国质量、服务、信誉AAA级企业，"五福"为中国驰名商标。

杭州重型钢管有限公司

◎ 地址：杭州市萧山经济技术开发区桥南区鸿兴路268号
◎ 电话：0571-22866879　◎ 传真：0571-22866877
◎ Http:/www.sunfu.com　◎ E-mail:wufu@sunfu.com

五福钢管

创造一种品质　延伸一个世界
选择五福钢管　为您品牌加油

观察 OBSERVATION

40

改革开放四十年，中国做对了什么？

□ 周其仁/文

在"看得见之手"与"看不见之手"之间，边界尚没有完全厘定，摩擦和冲突时有发生。但是，"两手"之间充满意识形态敌意、非白即黑的那一页已经翻过去成为了历史。

改革开放中国做对了什么？

一、十一届三中全会最重要的是冲破思想

"如果十几亿人的国家都不敢想、不敢试、不敢做，怕犯错误，发展空间会越来越小。改革开放提出解放思想，实事求是，向前看，我认为这是最重要的变化。"

中国能从一个封闭、收入水平相当低、全球经济影响力非常小的国家，变成今天的模样，一定有什么事情是做对的。所以，这个题目实际上是"改革开放三十年，中国做对什么才有今天的局面？"不是说中国今天所有事情都做对了，很多事情还是有可批评的地方。

在中国生活，总觉得改革进度不够，但又的确做对点什么，这就要从改革的出发点来讨论，即中国原来是什么样子。70年代，中国学习苏联，虽然有很多自身创造，但整个体制模式是苏联样式的，权力高度集中，信息成本巨大，准确下达命令非常难。

比如，新华社记者内参反映街上很多人披头散发，有损形象，调查发现是发卡供应不足，最后时任副总理的李先念主持会议调集钢材，生产发卡。现在想来，难以置信。不久，报告又呈递上来，有了原材料，但制作发卡的设备不够，需开会筹集设备。如果国民经济目标有限，只是为数不多的产品，为追赶经济，作为落后国家保卫国防、发展军工、两弹一星，这一模式是非常有效的，麻烦就在于面对无数的消费品，其弹性不够。且形成一种体制后，就会有思想和方法的框框，以苏联为准或以本本为准等，要向前走，难度会很大，这也就引出到底做对了什么。

十一届三中全会最重要的不是做出任何具体决定，而是冲破思想(牢笼)。共产党人闹革命，建立社会主义，最后是为什么？发展生产力。怎么发展生产力？要经过实践的检验。马克思、恩格斯很伟大，但他们的著作不是圣旨，因为他们没有实践过，也没有处理过发卡之类的问题，只有走进去才有实践、问题，也才会有新的经验。如果十几亿人的国家都不敢想、不敢试、不敢做，怕犯错误，发展空间会越来越小。改革开放提出解放思想，实事求是，向前看，我认为这是最重要的变化。

二、改革就是给实践中产生的办法以法律地位

"解决中国问题的很多措施，在实践中是有的。中国之大，这里想不出，那里可能就有办法，关键是实践中产生的办法，政治上承认不承认，给不给法律地位……改革就是给予能够解决实际问题的办法以法律地位，使其与几十年来的主导体制融洽。"

社会主义公有制覆盖所有领域，比较硬，没有弹性，如何增加弹性？在农村问题上，早些年

提出过奇奇怪怪的各种主张，一种主张就是"土地回老家"，当年共产党领导民主革命、土地改革，把土地分给农民，"回老家"也就是说回到原先那种占有状态，可问题是土改结束，搞农业合作社、人民公社后，农村增加几亿人，这几亿人怎么办？把土地退回到1951年的状态，那3亿人没有土地，这是开玩笑。

最后发现老百姓很厉害，基层很厉害，逼来逼去会逼出一些办法。据我调查，最早的改革在20世纪50年代中后期已经萌芽，当时浙江温州有些地方提出责任制，把土地集中到一起，但每个人要有责任，多劳多得，少劳少得，甚至土地可以清清楚楚承包给个体经营，有一个类似合约的东西存在。

1961年大饥荒后，周恩来受中央委托，调整农村政策，其中很重要的一项就是恢复自留地。在灾荒很严重的安徽，不仅增加一部分自留土地，很多田地都承包给农户，包产到户最早就是在那个时候发展起来的。

事实上，解决中国问题的很多措施，在实践中是有的。体制出问题，真正难受的是实践中的人，总要想办法，中国之大，这里想不出，那里可能就有办法，关键是实践中产生的办法，政治上承认不承认，给不给法律地位。这是改革的一个关键问题。

中国做对什么，不是一批精英想出一套更好的治理办法，而是眼界向下，看第一线做的事情有没有合理成分，然后中央承认其合法性，令其融进体制。改革就是给予能够解决实际问题的办法以法律地位，使其与几十年来的主导体制融洽。

邓小平同志当时有一个主张很重要，哪省不同意包产到户可以不搞，中央不强制，看其他省份的效果，看国家、集体、农民是否都受益，一年看不清楚就多看几年，后来三年到四年的时间，全国基本实现包产到户。

包产到户第一次写进1982年中央"一号文件"，规定土地承包15年不变；2002年《农村土地承包法》规定30年不变；到2008年十七届三中全会，其中写到"长久不变"，温家宝同志当时回答记者提问，说长久不变就是永远不变。这句话如果是在三十年前讲，不可能被接受，因为没有实践基础。

在法律上，土地还是属于集体的，但已经不是人民公社时期的集体。土地如何管理，农民自己决定，比如种什么、到哪里去卖、土地转包给谁等。改革开放通过联产承包责任制，把家庭的积极性充分调动起来，这些分散的积极性和努力虽然力量小，但尝试的方向无穷无尽，在我看来，这是中国做对的事情中非常重要的一项。经济发展不知道下一步会出现什么情况，就要让人分头去试，如果没有这股劲，再辛苦做出的成就也是有限的。

三、没有民营企业中国经济绝没有今天局面

"如果没有民营企业，就业问题怎么解决？如果当时不冲出这一步，中国经济绝没有今天的局面，不可能这么有活力，也不能想象会出现马云一样的人物。"

经济发展，搞商业办企业，需要扩大雇工，雇工超过8名，就会出现麻烦。因为过去很多年，我们都认为雇工超过8名就是资本主义。以前划分阶级成分的根据，就是统计解放前三年平均雇多少人。划定阶级成分是系统性的社会歧视，成分高，在当时很不容易出头，得不到平等机会。

那一时期，民间各个领域冒出一些人，他们有胆量，看着市场出现机会，就敢去做。最早就是安徽"傻子"瓜子的创办人年广久，他文化程度很低，但是敢冒险，占领市场，扩大规模，雇工超过8人，社会主义怎么能允许？年广久的事情最后一直报到邓小平同志，邓小平同志批语：先不要动他。过去体制是非常刚性的，只要认为不是社会主义的，就要用国家机器和专政手段灭

掉。邓小平同志的意思就是看一看，不说好，也不说不好，但不要急急忙忙像过去一样搞运动，打棍子。看了几年，他带动了就业，工人收入提高了，国家增加了税收。

现在民营经济就业人数占70%，税收占大约40%。游戏规则变了，市场只要有机会就可以去抓，而在当时是不可以的，这一步要是不出来，哪儿会有今天？

当然其中的问题无数，需要慢慢改善，不能走"大掉头"的解决办法。企业发展要竞争，就会把工资、福利抬上来，这就是市场规律，再加上法律、舆论、道德引导，问题会处理的好一点。

四、靠命令不能解决价格问题

"一个国家再落后，总有些领域生产力相对较高，总有些资源禀赋更加富裕，原来是穷，但体制改过来以后，打开国门竞争，穷反而意味着成本较低。"

农民通过联产承包，经营决策相对自由，很多经营者追逐利润和市场份额，与之相关第三件重要的事情就是价格机制，也就是不再以为靠命令能解决价格问题，不再把计划经济与社会主义划等号，信息成本这么高，不可能把决策集中起来统一计划。

把基层农民、企业家和组织激活，中国的比较优势就开始发挥出来。改革开放之初，没有资本就引进外资，1978年中央派谷牧带团考察西欧，带回来的消息包括：第一，技术上差距非常大；第二，欧洲有很多剩余资本，然后就加快利用他们的资本、借钱买技术，加快自身发展。当初谁能想到中国会变成大量出口的国家，都是比较出来的，也就是比较优势。一个国家再落后，总有些领域生产力相对较高，总有些资源禀赋更加富裕，原来是穷，但体制改过来以后，打开国门竞争，穷反而意味着成本较低，底特律的汽车工人年薪是多少？而李书福的工人年薪又是多少？

企业追逐利益，就会驱动他去学习，去掌握信息。中国人现在对全世界的产业、品种、款式都很灵敏，分头去"抓"，因为原来起点很低。现在美国人很生气，觉得侵犯了他们的知识产权，其实美国快速发展起来的时候也一样，英国公司天天说美国人。福特汽车快速发展的时候，你看有多少英国公司起诉它。中国现在正好处于这一状态，工资低，学得快，尤其是仿造很快，产品当然有竞争力。中国货源源不断出口，现在成为一个景观。

印度就没有这么大规模的制造业，他们的服务业好一些。印度首都周围的农村，与20世纪80年代的中国农村相比，可能还要差一点，一个显著的现象是村里都是年轻人，进到村中，很多小伙子围上来与你聊天，而现在中国的农村中几乎没有小伙子，全都出去工作。印度是20世纪90年代开放的，晚中国十年，一个国家到底走哪几步棋，要过一段时间，才能看出来。

五、国家政权不上路，产权很难上路

"邓小平同志讲单有经济体制改革不行，一定还要有政治体制改革……走了一半，停下来，在一个富裕起来的社会中，权力能够套现的市场价值会越来越高，对权力的制约、监督、管理就应该提上日程。"

科学的基础就是经验主义，要从经验出发。一切从理想出发，把理想变成概念、教条，然后用来约束行为，行得通也要行，行不通也要行，路只会越走越窄，所以要回到经验主义的基础上。

十一届三中全会以来实事求是，发展社会主义，也一定要从理想主义转变到经验主义。邓小平同志领导的改革是渐进的，问题严重先解决，包产到户后就业问题出现，于是开始搞个体户，一步一步走过来，经济形势逐渐好转。

但仗还没有打完，有些关键领域政企高度合一的现象仍然存在，做错事情，政府就要出面救，市场化改革到这一步，挑战就出现了。政企

分开的改革还没有完全到位。原有政企合一就是国家政权和经济活动高度集中在一起,比如人民公社,国家政权硬绑,与经济决策权捆绑,改革开放后逐渐分散,但在很多领域还看得到政企合一的影子。政权和经济权结合,使责任不清,资源配置效率也会受到影响,链条中的道德风险还可能危害金融稳定。权力这么深地卷入到市场,腐败难以解决,腐败超过一定的量,就不是个人好坏的问题,而是整个体制设计上存在缺陷。这是要解决的问题,却没有完全解决。

邓小平同志讲单有经济体制改革不行,一定还要有政治体制改革。市场改革很对,没有市场改革,就没有今天的中国,但是还要补一句话,也没有今天中国这么多问题。走了一半,停下来,在一个富裕起来的社会中,权力能够套现的市场价值会越来越高,对权力的制约、监督、管理就应该提上日程。

如何解决?我的看法还是从过去30年吸取经验,在观察中寻找,不靠想象出来的主意。一个前提是要有思想观念的放开,不能说什么事情一定不能碰,自己划很多线。世界上监督权力的做法我们可以参照,与中国实际运行结合到一起。我曾在杨小凯的悼念活动上说,国家政权不上路,产权很难上路;权力歪,你不跟着歪就不行;它愿意受贿,你就要去行贿。

问题要面对,不需要太多激扬的批评,我的立场是用知识去解决问题,千万不要解决不了问题却编出很多理由。现在很多知识,就是为解决不了的问题提供理论基础,种种理论说明为什么这一问题是解决不了的。解决不了就是解决不了,就是我们这代人无能,但凡可能,要向解决问题的方向积累知识。每个时代有很多问题,不一定都能解决,这个时代解决不了,留给下一代,但要向能解决的方向探索知识。

邓小平同志做对了什么?

1978年10月后的北京,是中国伟大变革的漩涡中心。我们为重新获得读书机会而奋发学习。不过在那时的北京城,似乎也摆不下一张完全平静的书桌。我们到西单看过大字报,传阅过当时一切可得的有关日本、美国、欧洲、中国香港、韩国、新加坡现代化情况的报道,也聚在一起收听十一届三中全会的新闻公报,以及邓小平同志与意大利女记者法拉奇的著名谈话。站在那个中国开放时代的端口,为了消化大量扑面而来的新鲜信息,我们在自发组织的读书小组里度过了无数不眠之夜。

不过,最打动我们的,还是在一个聚会上听到的安徽农村包产到户的消息。那是亲到现场调查的人带回的第一手报告:大旱天气增加的饥荒威胁,逼得农民悄悄把集体土地分到了户,结果粮食大幅增产,但"包产到户"却不合法,农民只在底下秘密推进。这个故事让我们兴奋。在贫困好像与生俱来、无可更改的中国农村,原来也存在迅速改善生活的路径!我们的困惑是:为什么被实践证明可以促进生产、解决农民温饱的生产方式,却得不到"上层建筑"的合法承认呢?

1980年,以部分北京在校大学生为主、自发

○ 邓小平同志的贡献，是把国家政策的方向，转向了对促进生产力的自发合约提供合法承认与保护。这并不是这位伟大政治家一时心血来潮的杰作。据杜润生回忆，早在1962年邓小平同志就谈到，"生产关系究竟以什么形式为最好，要采取这样一种态度，就是哪种形式在哪个地方能够比较容易比较快地恢复和发展农业生产，就采取哪种形式；群众愿意采取哪种形式，就应该采取哪种形式，不合法的使它合法起来"。

成立了一个农村研究小组，立志研究中国农村改革和发展面临的种种问题。由于全部有过上山下乡的亲身经历，其中还有几位本人就是农民出身，大家志同道合，心甘情愿地重新走进农村和农民的生活，观察、询问、调查、分析、研究和辩论，提升了对真实世界的认知水平。机缘巧合，这群"北京小子"的工作得到了中国农民问题顶级专家杜润生先生等前辈的欣赏、指点和支持，把我们带入改革政策的制定过程。其中个人最离奇的经历，就是身为一个非党人士，也参加了20世纪80年代中共中央关于农村改革几个政策文件的准备、起草、修订、成文的全过程——按规矩，这些党内文件一旦下发，是不可以让我这样的党外人士阅读的！仿佛在不经意之间，我们见证了历史：对于8亿中国农民来说，包产到户才是邓小平同志领导中国改革伟大活剧的第一幕。

一、中国特色的产权界定

包产到户并不是"新生事物"。调查表明，早在1956年下半年，浙江永嘉县就出现了包产到户——刚被卷入高级社的农民发现"大锅饭"带来出工不出力的消极倾向，就把集体土地划分到农户，以此约束集体成员努力劳动。后来我结识当年主政那个地方的县委书记李云河，他因赞成包产到户而被革职、遣返老家务农长达21年之久！1959~1961年，包产到户出现在"大饥荒"最严重的所有省份，其中仅安徽一地就蔓延

到全省40%的生产队，农民把能够有效抵抗饥荒的责任田称为"救命田"。问题来了：既然包产到户不是邓小平同志主政中国以后才出现的现象，更不是邓小平同志自上而下"发明"或推行的一种土地制度，为什么要把农村包产到户改革看成是邓小平同志伟大戏剧的第一幕？

答案要从包产到户本身寻找。"包产到户"的学名是"家庭承包责任制"（Household Contracted Responsibility System）。在这套制度下，集体的土地分给农户，以农户承担一定的责任为前提。在开始的时候，农户的责任通常联系着"产量"——以相应土地面积的常年平均产量为基线，农户承诺将交多少给国家、多少给集体，以此交换土地的承包经营权。很明白，这是一个"增加的产量归农民"的合约，对生产积极性的刺激作用不言而喻。另外，承包到户的土地并没有改变"集体所有制"的性质——它们还是公有的，只不过按照约定的条件交给农户使用而已。

农民和基层生产队发明了家庭承包责任制，也证明了这套办法能够有效地增加产量、抵御饥荒。但是，农民和基层生产队并不能决定包产到户能不能得到合法的承认。这是苏式中央集权体制的一个派生物：任何经济组织、生产方式的变动都被看成事关社会主义道路和方向的大事，因而都必须由最高权力当局决定。在中国，从"三条驴腿的合作社"到几万、甚至几十万人组成的超级人民公社，从要不要办集体食堂到可不可以由社员私养集体的母猪，一切皆由中央定夺。

自发的合约得不到法律承认和保护，对当事人的预期和行为就有不利的影响。我们看到自发的包产到户固然可以让农民尝到增产和温饱的甜头，但此种好处究竟能不能持续？未来继续承包的条件有什么改变？以及在什么情况下承包模式又可能被批判？——所有这些疑虑都影响着农户的生产和投资（农地保护和改良）决策。这是来自合约本身性质的一个实质性的困难：作为有待兑现的一组承诺，不稳定的预期无可避免地要增加合约的履行成本。

邓小平同志的贡献，是把国家政策的方向转向了对促进生产力的自发合约提供合法承认与保护。这并不是这位伟大政治家一时心血来潮的杰作。据杜润生回忆，早在1962年邓小平同志就谈到，"生产关系究竟以什么形式为最好，要采取这样一种态度，就是哪种形式在哪个地方能够比较容易比较快地恢复和发展农业生产，就采取哪种形式；群众愿意采取哪种形式，就应该采取哪种形式，不合法的使它合法起来"（见《杜润生回忆录》，第332页）。这说明，邓小平同志早就明白"合法承认"对特定生产关系（产权与合约）的意义。当历史把他推上了执政地位之后，邓小平同志就用"这样一种态度"来对待农民和基层创造的家庭承包责任制。

在邓小平同志的路线引导下，农民家庭承包制获得了长足的发展。家庭承包制由落后边远地区扩展到发达地区农村、进而几乎覆盖了全国所有农村生产队；土地承包的期限由一年、三年、十五年、三十年扩展为"长期不变"；合约的责任从联产量开始，逐步演变为联系土地资产。农民家庭承包责任制不断得到更高规格的合法承认：从基层的秘密存在，再到地方政府的承认，到中共中央政策文件的肯定。最后，2002年，全国人大通过了《农地承包法》，确立了农户家庭承包责任制的法律地位。按照这部法律，全部农地的使用权、收益权和转让权都长期承包给了农户；"集体"仍是农地在法律上的所有者，但其全部经济职能就是到期把所有农地发包给农民。随着承包户拥有续订合约的优先权，"长期不变就是永远不变"。

中国人创造的这个经验，让我们想起了科斯在1959年提出的一个命题："清楚的产权界定是市场交易的前提"（中译见《生产的制度结构》，第73页）。我们可以说，产权界定也是合约的前提——要不是双方或多方各自拥有清楚的资源产权，他们之间怎么可能达成任何一个合约？可是，中国的实践却提醒人们：恰恰是承包合约才界定出清楚的农民对土地的权利，因为在订立承包合约之前，作为集体成员的农户究竟对集体土地拥有何种权利，通常是模糊不清的。这是不是说，农户的产权反而是经由合约才得到界定的？在这个意义上，我认为可以得出一个新的结论：合约缔结与产权界定根本就是不能分开的同一回事。

合约可以经由再合约(Re-contracted)得到调整，而经由合约不断界定的产权也就可以不断进一步明确其经济含义，并逐步提升产权的"强度"。我们在中国看得清楚，后来被列入宪法保护范围的私人财产权利，最初就是从城乡公有经济的承包合约中产生并发展起来的。私人承包获得的公有资源在约定条件下排他的专用权，不是私产又是什么？按照承包合约，超出约定产量的部分一般归承包人所有，这难道不正在创造更完备的私产吗？随着承包私产和超越承包形成的私产不断由少增多、由弱变强，公有制成员不断扩大对外缔结合约的范围，循序渐进地积累起更多的私产，也进入更丰富多样的市场合约网络。这套经由合约界定出清晰产权的办法，从农业扩展到非农业进而扩展到城市，奠定了中国市场经济的基础。

来芝加哥参加这次会议的时候，正是中国春小麦的收割季节。此刻在华北农村的田野上，有一幅壮观的画面：成千上万台拖拉机和收割机顺着庄稼成熟的路线跨村庄、跨市县、跨省份移动。这些拖拉机和收割设备，有私人的，有多个私人拥有并集合到一个合作社或一个股份公司的，也有"公司"承包给私人经营的。他们作业的范围早就超越了一个个"集体"的狭小范围，唯有一个复杂的市场合约网，才把他们与数目更加巨大的农户、合作社、公司制农场的收割服务需求连到一起。甚至政府也参加了进来，一道道紧急颁布的命令，不但要求沿途高速公路对这些农机的运输分文不取，而且要求提供良好的服务。这是经历了30年改革的中国经济的一个缩影：产权与合约构成了所有活跃的生产活动的制度基础。

邓小平同志本人不一定看到过"产权界定"的理论表达。可是，他的改革之道就是坚持产权界定并寸步不移。这套中国特色的产权界定一直受到来自不同方向的批评。一种批评说，他的改革逾越了"一大二公"经济的最后边界，因而背离了经典社会主义。这个批评忽略了继续维系一个不断支付昂贵的组织成本的体制的巨大代价，这一点，人们通过比较改革的中国与拒不改革的那些国家经济表现上的显著差别，就可以获得深刻印象。另一种批评认为，基于承包合约的产权改革远不如"全盘私有化"来得彻底和过瘾。这种批评则看轻了制度变迁所要付出的代价：只要过时的观念和既得利益缠住了相当多的人群，任何"激进和彻底的改革"在实际上就寸步难行。甚至，制度选择的"最终目标"也受制于交易费用的状况。例如，这次我们大家到芝加哥开会，都要借助属于芝加哥市政的"公共通道"。为什么不把天下所有的"公路"都彻底化为"私路"呢？答案是费用。每人一条专用的道路显然太过昂贵，于是社会退而求其次，在保留"公路"的同时约束人们的行路规范。

邓小平同志不为任何批评所动。他始终坚持一点，无论如何也要容许中国人在实际的约束条件下，动员国家机器，在"中国特色社会主义"的总标题下为之提供合法承认。这看起来似乎只是一套非常实用主义的策略。但是，有了科斯以来经济学的进展，我发现在中国改革的实践经验里，包含着具有很高普适性的道理，这就是广义的交易费用决定着制度的存在及其变迁。

二、把企业家请回中国

2006年，我访问了浙江东部台州市松门镇的一家民营公司。创办人叫江桂兰，是位农家女，中学毕业后打工10年，1991年靠私人借贷来的20万元，办起了这家塑料制品厂。四年后，江桂兰在广交会上向别人转租来的六分之一展台上，与外商签订了第一个出口合同。又过了十年，江桂兰的公司已成为肯德基全球用餐具的主要供货商。等我到访的时候，江桂兰的公司有1000多名工人，每年出口600个集装箱制成品。

江桂兰的故事在今天的中国非常平常。比起

华为的任正非、阿里巴巴的马云、吉利汽车的李书福、蒙牛的牛根生以及其他大牌明星般的民营公司老总，江桂兰过于普通了。不过，要是在改革前，江桂兰的公司就是比现在小很多也容易"举世知名"——在那个时代，任何"自由雇佣"工人的企业，绝对都有机会作为"资本主义的典型"而登上政治新闻的榜首！同样是私人办公司，从被看作"资本主义"的洪水猛兽，到被戴上"民营企业家创业"的桂冠，满打满算也只不过30年——中国到底发生了什么？

为了回答这个问题，人们当然要提到来自实际经济生活的压力。一方面，在"短缺经济"下商品和服务的长期匮乏，满足不了城乡居民家庭最基本的生活需要；另一方面，单一公有制经济又容纳不了日益增长的就业要求，特别是不能吸纳包产到户改革后释放出来的巨量"农村剩余劳动力"。两方面压力的汇集逼迫中国以更灵活的方式组织经济。

于是，在单一的公有制经济的身边，出现了野草般顽强成长的"个体户"。当年北京的一个标志性事件，就是回城的下乡知青在路旁摆摊出售"大碗茶"。他们自我雇佣或利用家人劳力，靠私下筹集的小资本捕捉种种市场机会。一些个体户取得了成功，而日益扩展的市场要求他们进一步扩大生意的规模。结果，"个体户"开始越出了"家庭劳力加二、三个帮手"的规模，向着雇佣更多工人的"私人企业"方向演变。挑战来了：社会主义中国怎么可以容许"资本主义剥削"的复辟？

对传统思维而言，私人拥有生产资料，自由雇佣、特别是雇佣工人超过8人以上的企业，当然就是"资本主义剥削"，与社会主义格格不入。马克思和苏联模式划下的这条铁的界线，中国自1956年完成了"工商业社会主义改造"后，也再也没有逾越过。现在，改革突破了传统戒条，是不是"走资"的疑虑笼罩了中国。

同时高举改革开放与坚持社会主义两面旗帜的邓小平同志，抓住了一颗瓜子破解难题。20世纪80年代初，安徽芜湖个体户年广久炒卖的"傻子瓜子"受到市场追捧，生意迅速扩张。1981年9月，年氏父子三人从雇4个帮手开始，两年内发展成一个年营业额720万元、雇工140人的私人企业。"傻子"当上了老板，争议也从芜湖一路到了北京。如何定夺小小一颗瓜子里面的大是大非？

我当时供职的农村政策研究机构是杜润生领导的，他组织了关于"傻子瓜子"来龙去脉的调查，并把有关材料报到了邓小平同志的案头。记得当时传回来的指示，斩钉截铁就是"不要动他"四个大字！其中，最了得的还是那个"动"字，因为这一个字就包含了"运用国家机器的强制手段给予取缔和打击"的全部意思。既然历史经验显示过去那套做法效果不佳，邓小平同志的意思就是多看看、多试试，再也不准用专政手段对待像年广久这样的民营企业家。

邓小平同志的办法就是允许实践并从实际出发来观察和分析。冷眼看"傻子瓜子"，并不难厘清其中的是非曲直：年广久雇佣的140名工人，原本都得不到国有公司的工作机会；年广久付给工人的薪水不低于当地国有工厂的给付水平；这些工人原本失业或从事其他工作但收益还不如给年广久打工。更重要的是，"傻子瓜子"的市场成功，刺激了更多的瓜子供给——老板与老板的市场竞争加剧了，不但是顾客的福音，更是工人的福音！可是，这一公案又作何处理？

那么，究竟怎样对待真实过程里的资本家呢？苏联模式得出的了一个革命的结论——"消灭资本家，消灭一切剥削"。但是，这样一来，把资本家节约交易费用与组织成本的职能也一并消灭掉。问题是，交易费用并没有随着资本家的被消灭而消失。社会主义经济仍然面临节约建设成本、生产成本、制度成本和组织成本的严重问题。结果，把资本家打翻在地的社会主义国家，只好由自己来扮演"总资本家"的角色，即用"没有资本家的资产阶级法权"(列宁)来管理国民经济。几十年的实践结果表明，中央计划体制不但运行成本奇高，也并没有完全消灭"剥

削"——作为等级制替代产权与市场合约制度的产物,官僚特权替代了资本家的剥削;在"大锅饭"的体制下,多劳不能多得的,天天受到"不多劳却多得"行为的剥削。这个结果应该出乎革命家当初的预料,它当然要被反思。邓小平同志不允许把重新冒头的民营企业一棍子打下去,坚持多试试、多看看,意在探索把复杂问题分开来处理的路径。苏联和中国自己的历史教训时刻提醒着中国改革的决策者,为什么社会主义经济非要把资本家连同创业精神、市场判断力、组织和协调生产的能力一起抛弃呢?

邓小平同志把企业家请回了中国。他执掌中国后不久,就高度肯定了历史上"民族资产阶级"的代表荣毅仁,并大胆决策划出一笔国有资本交付荣先生全权打理——这开启了"国有资本+企业家"的新经济模式。邓小平同志还运用自己的政治权威,多次对"傻子瓜子"这个事件表态,不准再动用国家机器鲁莽地扼杀民营企业家。这位革命老人一次又一次耐心地问:允许这些企业家的存在,难道真的就危害了社会主义吗?

越来越多的人得出了正确答案。随着企业家的存在被广泛认为是"对的"(Right),创业当企业家就再次成为中国人的一项权利(the Rights)。改革以来,中国发布了多个政策文件,通过了多部法律,并数度修订宪法,逐渐承认并保护了普通人自由缔约,创办各类企业,按投资要素分配收入的合法权利。据一项权威发布,到2007年底,中国的民营经济约占国民生产总值50%,非农就业的70%,税收的30%~40%。这是改革前无论如何也不能想象的。

三、重新认识看不见的手

从1985年5月开始,邓小平同志连续几年推动"价格闯关"。这意味着,原来由国家规定和控制的物价,要放开由市场决定。此前,中国已形成了一种"价格双轨制",即按计划指令生产的产品由国家定价,超计划增产的产品则按市场供求决定价格。这个过渡性的体制,在显著刺激增产的同时,也造成分配方面的混乱:同一个产品的"市场价"高于其"计划价"数倍甚至十数倍,以至于任何有"门路"的人,都有机会把计划轨道上的产品倒卖到市场上而大发横财。一时间,"寻租"盛行,公众反感。

价格改革之所以被称为"闯关",是因为此前的波兰,因放开食品价格,影响工人生活,导致大罢工和波兰共产党的下台。中国"价格改革"的代价究竟有多大,能不能平稳推进,没有谁可以打包票。邓小平同志决心用自己的权威推进价格闯关。他甚至说,趁我们老同志还在,勇敢闯过这一关。

1988年7月,国务院宣布开放名烟名酒价格。这其实是一次试探性的前哨战。8月中旬,中共中央政治局会议通过了《关于价格、工资改革的方案》。不料,会议公报发表的当天,全国各地就出现居民抢购食品和生活用品,又拥到银行挤提存款的风潮。十天以后,国务院宣布加强物价管理、不再出台物价调整项目、提升银行存款利息、全面整顿市场秩序。9月,中共政治局决定开展全国范围的"治理整顿"。第一波"价格闯关"搁浅。

事后我的理解,在累计发放货币过多的条件下"放开价格",势必把原先"隐形通胀"转成为群众不可能接受的显形高通胀。这证明,即使得到了政治方面的强力支持,在高通胀环境下也难以顺利推进价格改革。中国进入了为期三年(1989~1991)的"治理整顿"期,政府用行政手段抽银根、压投资、管物价;经济增长减速,经济改革停滞。让中国和世界大吃一惊的是,邓小平同志在1992年春天再次奋力推进中国改革。他以一个88岁退休老人的身份,发表了著名的南方谈话——"不改革开放,只能是死路一条"。邓小平同志特别提出了长期困扰中国改革的问题:坚持计划体制是不是就等于"姓社"(社会主义)?走市场之路是不是就等于"姓资"(资本主义)?他的答案石破天惊:计划和市场都不过是配置资源的方式,社会主义同样可以走市场之路。

在邓小平同志的推动下，中国于1992年再度勇闯价格关。是年，新放开的生产资料和交通运输价格达648种，农产品价格50种，其中包括在全国844个县(市)的范围内，放开了长达几十年由国家统购的粮食价格，并放开了除盐和药品以外全部轻工业产品的价格。到1993年春，中国社会零售商品总额的95%、农副产品收购总额的90%以及生产资料销售总额的85%，全部放开由市场供求决定。"价格闯关"最终成行，"用市场价格机制配置资源"从此成为中国经济制度的一个基础。

经济学家通常会不遗余力地推崇市场价格机制。这不足为奇，因为有亚当·斯密以来经济学传统的鼎力支持。可是，为什么邓小平同志也对"看不见的手"情有独钟？这位曾经指挥过百万野战大军、担任过中共中央总书记和国务院副总理的大政治家，分明拥有一双"看得见的手"！他难道不知道，扩大市场价格机制配置资源的范围，总要在某种程度上收缩"看得见的手"发号施令的范围？大权在手，又坚决推进价格闯关，这究竟是为什么？

要回答这个问题，我认为涉及三个层面：第一，苏联式计划体制的实质是把整个国民经济办成一个超级国家公司。这个超级国家公司不得不承受巨大的组织运行成本：收集需求和生产全部信息的成本，决策和指挥的成本，以及发现错误并加以纠正的成本等。作为改革前中共第一代领导集体的一员，邓小平同志多年负责处理国家一线事务，几乎就是这个超级国家公司的执行长。正因为对原有体制不堪重负的成本压力有切身感受，也对原体制的运行效率极不满意，才迫使邓小平同志比局外批评家更明白，权力过于集中的主要结果，恰恰是无法有效行使国家权力。历史把这位执行长推上了决策人的位置，邓小平同志决意改革，顺理成章。

第二，邓小平同志倡导的开放，启迪了一代中国人，也启迪了他本人。作为1978~1982年一位北京的在校大学生，我感受到那几年涌动的关于中国经济发展的新想法、新冲动，无一例外都来自多年封闭后对外部世界的观察、比较和思考。无论欧美日本、亚洲四小龙，还是南斯拉夫、匈牙利和波兰，所有当时在经济成就方面令中国羡慕的经济体，没有一个是套用苏联计划模式的。这些经济体都允许"看不见之手"发挥基础的资源配置作用。他们的经验说明，价格机制并不是洪水猛兽，中国为什么不可以大胆试一试？

最后一个层面最为隐蔽。邓小平同志的哲学，是相信每个普通人都具有改善生活的持久动力。国家要富强，要推进现代化，就必须充分发挥每一个社会成员和所有基层组织的积极性。正是在这样的思想基础上，才产生了上文提到的中国式权利界定和把企业家请回中国的改革政策。新的问题是，当改革开放释放了个人、家庭和基层组织的积极性之后，如何协调(Coordinate)十数亿人口爆发出来的竞争致富冲动，就成为新的经济体制必须解决的问题。邓小平同志倾心于发挥价格机制的作用，是因为他认识到仅靠国家计划之手，根本不足以应对改革开放后如何协调整个中国经济的新课题。

叙述至此，我们也许要为一件事情而感到遗憾，那就是科斯教授从未访华，因此也没有与邓小平先生谋面的机会。不过，我猜想他们俩可能会互相欣赏。科斯在1937年创立的公司理论，出发点是覆盖整个经济的"完备的市场"，由价格机制配置一切资源——这也是大多数经济学家的理论出发点。但是，年轻的科斯早在1937年就发现，价格机制并不免费，因为完成市场交易的成本常常极其昂贵。为了节约由科斯在科学上首先定义的交易费用(Transaction Cost)，内部似乎不用价格机制，靠企业家的权威和计划来协调的"公司(Firm)"就应运而生了。

邓小平同志的出发点是另外一极，即囊括了整个国民经济的超级国家公司。在这里，国家用"看得见之手"的权威和计划协调整个国民经济，固然因为消灭了一切市场交易而不再受到狭义"交易费用"的局限。但是，科斯定义的另一种成本即"组织成本(Organization Cost)"，却每

日每时困扰着这个超级国家公司。邓小平领导的改革，出发点就是降低超级国家公司的巨额组织成本。为此，他提倡分权改革战略，通过对重新界定权利的合法认定，激发了个人、家庭、基层组织和地方的积极性，还同时把企业家协调和价格机制协调一并请回到中国经济的舞台。

我们有幸目睹了历史性的一幕：一个实事求是的经济学家离开了"看不见之手"支配一切的理论原点，向企业家协调与价格机制协调并用的真实世界出发；一个实事求是的政治家离开了计划经济的教条，向市场与计划并用的体制前会思进——他们"会面"的地方不是别处，恰恰就是改革的中国！当然，在"看得见之手"与"看不见之手"之间，边界尚没有完全厘定，摩擦和冲突时有发生。但是，"两手"之间充满意识形态敌意、非白即黑的那一页已经翻过去成为了历史。新的认知是，计划组织与价格机制可以在一个经济体里共存并用，并以实际的运行成本为依凭来划清彼此之间的界线。

四、腐败的挑战

邓小平同志关于中国的许多预言都已经实现了。不过，有一点至今还是例外。1985年春天，我在随杜润生先生前往温州调查的路上，听到传来的邓小平同志指示，大意是中国不能出现百万富翁，不能走两级分化的道路。到达温州的时候，当地人也正在热烈讨论。他们提出的问题是：温州一些民营企业家的身家财产早就超过了百万，分明已是百万富翁，怎么办？讨论得出的结论是，企业家的私人财产只有很小的一部分用于自己和家人的消费享受，大部分还是用于生产——如果把消费资料与生产资料恰当地分开来，温州和中国就"还不能算已经有了百万富翁"。既然如此，邓小平同志的指示就不算被违背了吧？

仅仅过了十年，个人的消费性财产超过百万的例子在中国就不胜枚举。数千万的世界级名贵跑车在中国热卖——那可不是"生产资料"。2000年的前后，全球顶极奢侈品的专卖店纷纷在北京、上海、深圳开张，市场说这里是成长最快的奢侈品市场。由于房地产和股票市场的力量，很多专业人士包括工薪家庭，也进入了百万富翁的行列。所有这些可以不无理由地被看成是经济成就的象征。但与此同时，官方统计和报道、国内外学界的调查以及对社会生活的直接观察，都表明今天的中国还有不少生计艰难、平均每天收入不过1美元的贫困人口。

学者们用"吉尼系数"描述收入分配差距的状况，发现改革后中国的收入分配差距有拉大的趋向。这类测度可能忽略了一点，即"收入的获取是否合乎公义"并不是定量技术可以描述的。姚明的高收入是一回事，贪官们卖官鬻爵的收入是另一回事——公众舆论真正痛恨的是后者，因为其收入不合公义。可是，关于收入差距的测算并不能划分这个及其重要的区别。其实，真正威胁改革存亡的严重问题是，即使根据反贪部门公开发布的腐败案例，人们也看到利用公权力腐败——显然不合正义的收入——的趋势在中国有增无减。

除了当事人的道德水准外，贪污腐败的趋势到底与什么有关？对此，张五常曾提出过一个理论。在本文开首提及的《中国的前途》里，张五常指出，就竞争稀缺资源而言，人类社会形成了两种基本的经济制度。一种以等级制特权来规范和约束人们的行为、防止稀缺资源被彻底滥用。另一种就是产权制度，即以财产权利的界分来划分人们从事经济活动的自由空间，以刺激生产、交换、分工与合作。张五常更推测，当第一种经济制度转向第二种制度即市场经济的时候，腐败将大量发生，因为原来的等级特权无可避免地要争取最高的"权力租金"。这个过程甚至可能形成一种独特的"秩序"，即"制度化腐败"(Institutionalized Corruption)。后来的中国经验的确表明，腐败不仅仅是改革启动的一种伴随物，也是瓦解公众支持改革的腐蚀剂、甚至是终极改革的致命杀手。转型经济怎样应对制度化腐败，是一项严重的挑战。

邓小平同志的答案是多手并举：道德教育、党的纪律和法治。我不认为还可以想出更多的办法来遏制腐败。问题是，在上述分权改革、重新界定权利、承认并鼓励民营企业家、大规模利用价格机制的每一个过程中，腐败不但形影相随，且有更快蔓延之势——腐败跑得似乎比改革还要快!1986年9月，邓小平同志得出了一个重要结论：不改革政治体制，就不能保障经济体制改革的成果，不能使经济改革体制继续前进（《邓小平文选》，第三卷，第176～180页）。为此，他开始部署中国政治体制改革。

政治体制改革远为复杂和困难。最主要症结是，经济改革触犯的经济既得利益，还可以用经济手段补偿，但政治改革触犯的既得利益，拿什么来做补偿？举一个例子，原来"享受低价好处"的居民家庭，一旦价格放开后受到损害，政府可发财政补贴给予补偿。但是，原来主管物价的政府部门，价格放开后就面临权力缩减部门撤并甚至官员下岗的现实威胁。对于一辈子管物价的官员来说，他身上的专用人力资本一夜之间全报废，他能接受吗？用经济办法来补偿"丧失权力的损失"吗？出价低，不可能被接受；出价高，国家财政不堪负担——等级制其实是非常昂贵的。听任掌权者自己补偿（贪污腐败是也）？公众不可能接受，而那样"补偿"的结果，一定是更舍不得放弃权力。那么，可以不予补偿就取消权力吗？可以，但改革因此就等于革命。

邓小平同志多次讲过"改革也是革命"。不过他面临另一项约束。中国的党政骨干系统发达，但其他社会软组织发育不足，行政系统实际上负担着社会经济体系的运转。这本身就增加了消化政治体制改革副产品——重新安排官员的难度。另一个连带的后果，就是国家权力体系一旦失稳，整个社会就容易动荡。所以，推进"也是革命"的政治体制改革，又不得不以"稳定"为边界。于是人们看到，1986年重新提上日程的中国政治体制改革，并没有实质推进。即使1992年邓小平同志的南方谈话，也限于推动经济增长与经济改革，而并不是政治体制改革。中国的政治体制改革，是邓小平未竟的事业。

五、小结

中国经济增长取得的令人瞩目的成就，为邓小平同志启动的改革开放提供了一个无可更改的背书。如果用最多数人口的日常生活得到显著改善作为评价标准，邓小平同志领导的中国改革开放一定会被写入历史。当然，伟大成就的成因是复合的，人们对此也常有不同的看法。我的观点是，正是改革开放大幅度降低了中国经济的制度成本，才使这个有着久文明历史的最大的发展中国家，有机会成为全球增长最快的经济体。

有观察家以为，"廉价劳动力"是中国竞争力的根本。对此我的问题是，改革前中国劳力和其他要素的价格更为低廉，为什么那时候并没有影响全球市场的"中国制造"？更深入的分析表明，知识扩展才是中国经济成就的基础。不过若问，为什么中国人特别是年轻一代中国人对知识的态度有了根本的转变？答案是，改革激发了中国人掌握知识的诱因，而开放则降低了中国人的学习成本。综合起来，早已存在的要素成本优势、改革开放显著降低制度费用以及中国人力资本的迅速积储，共同成就了中国经济的竞争力。其中，制度成本的大幅度降低是中国经验的真正秘密。

邓小平同志开启了中国改革开放之路，也开启了中国经济增长之路。不过，他并没有完成中国的改革开放。无论在产权的重新界定、企业家职能的发挥、市场经济框架的完善方面，还是国家权力的约束与规范方面，中国都面临大量未完成的议题。作为渐进改革策略的一个结果，很多困难而艰巨的改革任务留在了后面，并面临改变着的社会思想条件。就在科斯先生主办的本次研讨会举行期间，全球金融动荡和油价高企，正给全球经济增长带来前所未有的新考验。受汇率、利率、资源价格和行政垄断部门等重大改革滞后的拖累，中国经济能不能顺利应对这场新的挑战，保持经济的持续增长，还是未定之数。

前年在深圳，我有幸听到张五常的如下见解：中国人在改革开放以来创立了"人类历史上最好的经济制度"。我们有理由相信，中国只要坚持改革开放以来被实践证明做对了的事情，继续推进尚未完成的改革事项，未来的历史将有机会再次证明人们关于中国的乐观断言。

（作者是北京大学国家发展研究院经济学教授）

人物 PROFILE

宗庆后：我还要再干20年

□杭商全媒体记者 马三三 通讯员 连 芳/文

天色微亮，杭城的梧桐树叶几乎已经落尽，冬日的寒气有些逼人。72岁的宗庆后，穿着中山装，步履怡然地走出清泰街那栋朴素的六层小楼。今天，这位已经被外界尊为长者的著名企业家，显得格外精神。

这天，宗庆后一手创办的杭州娃哈哈集团成立三十周年庆典，将在中国著名高等学府浙江大学紫金港校区体育馆举行。庆典以"不忘初心，继续前进，再创辉煌"为主题，系以庆贺娃哈哈集团创立三十周年，回顾过去斐然成绩，展望未来创新发展。

坐在车里，向着庆典出发，看着车窗外匆匆而过的风景，宗庆后的心中有些激动。

"最早校办经销部的成立只是为了补贴教育经费，没什么地位。别人都看不起我们，我就告诉员工们，我们要自己看得起自己。"宗庆后这样告诉杭商全媒体记者。

领着娃哈哈跑了三十年，宗庆后的努力终于得到了回报。

8点还未到，一辆辆大巴车缓缓驶进浙江大学紫荆港校区，上面乘坐的都是娃哈哈集团的供应商、经销商和员工们。今天他们是来参加庆典，同时也是参加娃哈哈这个大家庭的聚会。

"宗总每年要跑遍全国的市场，他对市场的分析比我们整理出来的报表还要准确。今天的庆典，最应该给宗总颁个奖。"一位老经销商激动地告诉杭商全媒体记者。

庆典伊始，可以容纳6000人的体育馆内座无虚席。由娃哈哈员工组成的8个方队，踏着遒劲的步伐，一一入场。

娃哈哈的员工们向大家展示了娃哈哈人的良好精神风貌，宗庆后的致辞铿锵有力，充满自豪之情的同时也向娃哈哈的全体经销商、供应商们表达最诚挚的谢意。当说到"欢迎回家，你们辛苦了"的时候，全场掌声如雷。

庆典最后的起航仪式，宗庆后携八位集团管理人员来到场馆中央，"秉初心 怀壮志 再弄潮"九个金色大字代表着娃哈哈起锚新希望，致敬三十，将庆典推向了最高潮。

这个时候，宗庆后的内心感到无比欣慰。

精于勤 只争朝夕

1987年，宗庆后亲手把娃哈哈"杭州市上城区校办企业经销部"的招牌挂在了清泰街的小楼前。"开发儿童营养液、兼并罐头厂、达娃之争，我们一路走来，很不容易"宗庆后边向杭商全媒体记者回忆往昔，边说道，"没有改革开放就没有娃哈哈；没有政府的支持，就没有娃哈哈"。

胸腔中积蓄的意志在抓住机会时迸发出超越一切的生长力量。

3年产值破亿、百日兼并、28天拉起生产线，娃哈哈的成长历史就像一颗种子，当根系积攒着力量，破土而出的一刻，石破天惊。

"办企业，一开始都是最困难的。什么都没有的时候，只有一股子干劲。"宗庆后有些感慨地对杭商全媒体记者说，"浙江人是有开拓的勇气和智慧的，我们这一代人靠得就是自强不息的精神"。

遍布全国的销售网络，辐射万里的销地产结构，现在的娃哈哈在全国29个省市自治区建有近80个生产基地、总资产近400亿元，连续十九年问鼎饮料行业榜首，品牌价值达533.86亿元。成长了三十年的娃哈哈像一座帝国，稳居中国饮料行业的龙头地位。

启于新 锐意精进

从跟进创新到引进创新，再到自主创新，一直为国人健康在努力的娃哈哈，蜕蛹成蝶。

2015年，娃哈哈"食品饮料生产智能工厂项目"入选全国首批工信部智能制造试点示范项目，在打造食品饮料全数字化管控的智能工厂上进行了实践探索，对整个食品饮料行业都具有借

人物 PROFILE

鉴意义。

"企业的创新力来源于消费者的需求，来源于世界发展的大方向，更源于企业对自身发展的不断追求，我们做企业的，就应该要领先半步。"这是宗庆后理念上的半步，也是娃哈哈通往百年老店的一步又一步。

办企业，如逆水行舟。

"最早我们是跟进创新，那时市场上有很多种钙奶，而我们通过加入A和D，让钙更好地吸收，这一个小创新就让我们占领了市场"，宗庆后对当年的创新历史侃侃而谈。在这位企业家眼里，创新不是一个多么高大上，多么遥不可及的神圣的事情。多思考一些，多记录一些，脚踏实地、艰苦奋斗，这也是坚忍不拔、敢为人先的浙商精神的最好体现。

追求卓越和进步，是娃哈哈基因中深埋的特质之一。全国首创的菌种车间是娃哈哈为了中国菌种打破"洋菌种"桎梏做出的努力。娃哈哈还准备打造一个科创小镇，通过吸引人才，聚拢资金，引进国外熟的技术，来帮助小企业一起发展，让浙江的企业们联合起来，一同发展高新技术，打造中国智造的浙江名牌。

"我们企业要为国家的繁荣富强添砖加瓦，助力中国从经济大国走向经济强国，从制造大国走向制造强国。"这是宗庆后对娃哈哈接下来奋斗目标的总结，也是对中国日益繁荣强大的美好愿景。

凝于情 赤子之心

娃哈哈是一个有温度的名字，凝聚3万人感

■ 在娃哈哈集团成立三十周年庆典上，宗庆后为优秀员工颁奖。

■ 宗庆后与女儿宗馥莉在一起

动的力量，让爱充满社会。

从校办企业起家的娃哈哈，始终认为"要把支持中国的教育事业，为中国的未来培养优秀人才，作为一个中国民族企业的责任和荣耀"。娃哈哈对教育事业始终怀着一颗赤诚之心，在5.4亿元的累计公益捐赠中，对教育事业的资助已逾3亿元。

产业投入、实业扶贫是娃哈哈积极响应党中央、国务院号召，践行社会责任的重要方式。从支援三峡库区、建立涪陵分公司开始，娃哈哈通过"造血式扶贫"先后在中西部、贫困地区、东北老工业基地等17个省市投资85亿元建立了71家分公司，累计实现销售收入1485亿元，带动相关产业年新增产值100多亿元，并带来了数以万计的就业岗位。

1999年，娃哈哈的员工们迎来了全员持股的时代，后来又住进了公司的福利分房。现在，娃哈哈又将2.5亿三十周年贡献奖赶在庆典之前发到了全体员工的手上。有人说宗庆后是第一位"布鞋首富"，也有人说宗庆后是一代浙商的典范，而在娃哈哈员工们的眼中，宗庆后更像是一个大家长。

三十年前，没有人会想到一家代销棒冰、冰激凌的校办企业会变成横跨整个华夏版图的饮料帝国，而三十年后，"娃哈哈"这个名字已是家喻户晓。这三十载风雨征程，将娃哈哈打磨成了一把利剑。誓以初心炼筋骨，砥谦逊之钢，乘风破浪再创辉煌。

庆典结束后，宗庆后的内心一直无法平静下来。面对如潮的人流，他说"我是为娃哈哈员工在打工，我不是一个人在奋斗，我还要再干20年。"

责任编辑/沈丽萍
供图/娃哈哈集团

汇成建设

地址：杭州市萧山区通惠南路627弄18号　邮编：311201　电话：0571-82769328　传真：0571-82716556
Http：http://www.hzhcjs.com/honor.asp　E-mail：web@hzhcjs.com

公司前身为杭州萧山汇成市政工程公司，成立于2002年。是一家以工程建设为主，集房地产开发、土建、市政、园林绿化、苗木栽培、机械设备租赁于一体的综合性企业公司，具有房地产开发、市政公用工程施工总承包二级、房屋建筑施工总承包二级、园林绿化施工三级等多种专业施工资质。

公司始终坚持"质量第一，安全第一"的经营宗旨，从基础抓起，道道把关。先后承担了一大批省内外重点建设工程项目。业务遍及江西、江苏、上海等地，深得用户信赖和好评。

多年来，公司先后被评为萧山区建筑业先进企业，AAA级信用企业，并通过ISO质量、环境、职业健康体系认证。

勇 于 跨 越　追 求 卓 越

浙江汇成建设工程有限公司

人物 PROFILE

陈明：
AI时代，仁心仁术

□杭商全媒体记者　李洁/文

↘ 在陈明看来，中国的智慧医疗产业起步并不算晚，而"远程放疗与人工智能"项目的推进，将为民族医疗产业发展带来巨大空间。

记者 徐青青摄

专家名片：

浙江省肿瘤医院副院长，浙江省放射肿瘤学重点实验室主任，浙江省肺癌诊治研究中心主任。中华医学会放射肿瘤学分会秘书长，国家重点研发计划"远程放疗与人工智能"专项首席专家。获教育部科技进步二等奖（2008）和浙江省医学进步一等奖（2016），三项成果被NCCN肺癌指南引用，改写了国际标准。

2017年，牵头完成食管癌同步放化疗模式中最佳放疗剂量研究，获美国放疗年会"POST TOP20"和全国食管癌年会优秀研究奖；他和王绿化教授共同领导的重组人内皮抑素联合放射治疗肺癌的临床二期试验获得"Best of ASTRO"荣誉。

在2016年10月之前，人工智能对于陈明来说并不具有特殊意义。

与普罗大众一样，他时不时在微信上、报纸新闻上读到与AI有关的新突破，他惊叹AlphaGo的精湛棋艺，也偶尔体验AI技术的便利。但他对人工智能的认识始终流于浅表，打了个照面，匆匆而过，是个局外人。

此前30年的从医经验告诉陈明，治病救人，必须是面对面的事。

改变就发生在那个秋阳昊昊的10月。

当时，科技部发布了"十三五"国家重点研发计划2017年项目指南，在"数字诊疗装备研发"专项中，关于新型放射治疗服务模式的研究引起了陈明的注意。他解读到了他所处的行业与AI时代的交集——对于放射治疗而言，一场基于新技术的革命正悄然萌芽。

很快，由业内专家学者们组建起的"基于大数据和人工智能的远程放射治疗模式研究"团队，致力于通过大数据挖掘与机器学习，研发智能化放疗技术，创新远程放疗服务模式，推进我国放疗服务能力和水平的整体提升。陈明被推举为项目负责人。

2017年7月，该项目从高手如云的答辩中突围，成功入选"十三五"国家重点研发计划专项。过去半年项目得到快速推进——先后在重庆、台州、衢州等地落地试点，更多的第三方合作也在酝酿之中。

"通过这个项目，一方面，把大小不等、忙闲不均、水平参差不齐的孤岛式放疗单位，通过医联体服务模式接入远程放疗云平台，逐步引导肿瘤患者在本地接受高质量的放射治疗，推进肿瘤放疗领域分级诊疗的整体进程；另一方面，发展人工智能，实现放疗靶区的自动勾画、放疗计划的自动设计，改善我国放疗供给侧结构，提高工作效率和同质化水平。"

一直以来，对于医疗事业，陈明倾注了全部热情与心力。如今借助科技之力，他期待着改变中国放射治疗发展不均的现状，更重要的是，把生的希望送得更远。

Ai之力

对于现状的改变陈明期待已久。

他熟稔那组令他揪心的数据——在所有癌症患者中,按照国际惯例,有60%～70%的患者需要在不同阶段接受放射治疗,但我国仅有26%的癌症患者进行了放疗。细化到放射治疗的核心设备直线加速器,在美国,每百万人口的拥有量为12.4台,欧洲为5～8台,而中国大陆的数据仅为1.42台。与此同时,中国放疗行业可及性差、水平参差不齐、工作忙闲不均的现状,都让陈明感到忧心。

"科技部设立这个项目,就是希望发挥省级以上大型放疗中心的作用,通过远程服务的模式,为基层医疗机构提供技术支持和质量控制,通过人工智能来提高工作效率和同质化水平。"30多年专业领域的深耕,让陈明对行业的动向足够敏锐,他一直期待的改变在人工智能时代有了实践契机。而他本人身处潮头,注定是领跑者。

与陈明同时感受到这一契机的还有一批专家学者,日后,他们共同组建起"远程放疗与人工智能"团队,并肩作战。团队整合了多方力量,其中包括全国规模最大的三大放疗中心——中山大学肿瘤医院、浙江省肿瘤医院、山东省肿瘤医院,在放射治疗领域颇有建树的南方医科大学,以及研发智慧医疗技术的东软医疗和深圳医诺等企业。

2016年10月,广州中山大学肿瘤医院的会议室,该项目的核心成员们进行了第一次碰头会。在这场头脑风暴中,大家对指南进行剖析解读,第三方服务、远程服务、人工智能,面对这些将引领行业变革的关键词,专家们感到兴奋,充满期待。陈明被推举为项目负责人,他与项目组的其他成员一道进入了一个全新的领域。

一个全新领域的探索,其难度可想而知。调研是第一步,从行业政策到国内外技术,信息整合已是规模浩大的工程,再从浩瀚的数据中凝炼行业问题、技术问题,尔后设计项目研究架构、技术路线,提出考核指标,设计研究进程,制定时间表。

异常艰辛的半年筹备之后,科技部的答辩在2017年4月14日展开。与陈明他们同台竞技的,还有北京、天津、四川方面组建的团队,上海、复旦大学、温州医科大学方面组建的团队等,其6个项目最终入选了两项,陈明他们恰在其中。

2017年7月24日项目通知书正式发布。陈明对于入选并不意外。究其原因,在整合了中国东部和南部最强的放射医疗资源之外,他说,"我们没有一天不努力,没有一天敢懈怠"。

"远程放疗与人工智能"专项研究周期为三年,在相关文件中,对该项目的描述是"建立基于大数据与人工智能的、分层次、多功能的远程放疗服务新模式,并进行区域三级示范,以探索可在全国范围内快速推广的新型放疗模式。围绕该模式,项目组将从建立智能勾画和优选计划数据库、放疗设备智能数据库、智能放疗计划设计等展开研究,并建立搭载基于大数据和人工智能的、省—市—县分层次、多功能的远程放疗服务平台"。

陈明进一步解释,项目最终要完成两个系统,其一是按照患者的需求进行分级诊疗,其二是实现智能化,通过人工智能提高诊断效率和正确性。"我们要建一条'高速公路',把基层医院和省级医院的放疗中心连起来,先通过人工手段互动,做到远程服务,在这个过程中,不断增加人工智能的诊断元素,提高效率,提高同质化水平。"

以启动的浙江省肿瘤医院台州院区远程放疗服务中心为例,通过互联网云平台,台州院区与200多千米之外的浙江省肿瘤医院进行连接,放疗质控、专家会诊、靶区勾画、放疗计划设计评估等等功能,在"信息高速公路"实现了。

此举带来的帮助不言而喻——助推分级诊疗政策扎实落地,让台州及附近基层地区肿瘤患者"足不出市、足不出县"就享受到省级医院专家团队的优质医疗服务。在提高当地医院诊疗水平与效率的同时降低患者的医疗成本，提升患者的治疗质量和生存期。

同时，远程放疗协作平台将借助肿瘤患者的信息大数据和人工智能技术，逐步实现机器制定放疗计划、医生团队优化方案，不断提升靶区勾画、计划设计与计划评估的效率，实现医疗资源的高效应用。

目前，"远程放疗与人工智能"项目在全国范围正式启动，项目分为5个课题，分别在浙江、辽宁、广东、山东等地开展远程放疗模式的示范应用。

他分析说，如果目前每年未能得到放疗的200万患者当中，有30%通过远程模式接受了放疗，将形成300亿以上的远程放疗服务产业。同时，为了保证肿瘤患者的及时治疗，需要新建1000多家放疗中心并接入智能远程放疗云平台，使我国放疗设备从2015年每百万人口1.42台快速上升到世界卫生组织推荐的每百万人口2～3台的平均水平。这又会形成规模超过100亿的放疗设备市场。在陈明看来，中国的智慧医疗产业起步并不算晚，而"远程放疗与人工智能"项目的推进将为民族医疗产业发展带来巨大空间。

仁心仁术

专项启动以来，陈明成了人工智能"爱好者"，研究AI技术是他工作中至关重要的一部分，他深刻感受到AI不可估量的力量，例如从AlphaGo到AlphaGo Zero。"过去AlphaGo通过几十万棋局来学习，现在AlphaGo Zero根本不需要学习任何棋局，它自身所具备的智能化能力，已经在围棋棋盘的方格子里高速运转，无师自通地获得每一步最佳的选择。"

但在医学领域，期待无师自通的人工智能还为时过早。陈明说，围棋是一个物理元素占比非常高的智力游戏，疾病是人类自身的复杂系统出了问题。医疗领域的人工智能依然离不开大数据，离不开现代医学积累下来的丰富案例和经验。

于是，投身到工作当中，他还是那个潜心临床研究的陈明教授。

陈明是我国肺癌和食管癌临床研究领域的主要带头人之一，善于凝练临床科学问题，精耕细作，卓有建树。他牵头的前瞻性临床研究解决了临床争议，改写了国际标准。他主持科研项目达30余项，肺癌系列临床研究获2008年教育部科技进步二等奖和2016年浙江省医学科技进步一等奖。在学术领域，陈明发布的论文超过100篇，曾170余次应邀在国内外重要讲坛作学术报告。

自分管浙江省肿瘤医院科研、教育和国际合作以来，陈明带领同事们开拓进取，建章立制，优化流程，搭建平台，建设梯队，开创了医院科教和国际合作新局面。医院与MD安德森癌症中心建立姐妹医院合作机制，创办了"杭州国际肿瘤学论坛（HISO）"，与多所大学建立了长期战略合作关系。他组建了"浙江省放射肿瘤学重点实验室"和"浙江省肺癌诊治技术研究中心"，完善了放疗学科人才梯队，全面促进了放射肿瘤学科的建设和发展。

刚刚过去的2017年中，陈明取得了不少新突破——他牵头完成的食管癌放疗最佳剂量研究，获美国放疗年会"POST TOP20"和全国食管癌年会优秀奖；他和王绿化教授共同领导的重组内皮抑素联合放射治疗肺癌的临床试验获得"Best of ASTRO"荣誉。

在食管癌同步放化疗期间的放射治疗剂量问题上，50 Gy或者60 Gy究竟哪一个更好，已经争论多年。"剂量高了损伤肯定大，对患者没有好处。这类临床课题很难找到资助，全凭研究者的兴趣。"研究历时4年，初始时的艰辛令人印象深刻，前两年平均每个季度只能入组3～4个病人，在

人物 PROFILE

大多数人劝他放弃的时候,陈明都挺了过来,最终研究表明50Gy的方案更佳。也因为这样,在获知该项目入选"POST TOP20"的消息时,陈明激动地向记者发来信息,"2017是我的幸运年"。

同样在幸运年里,他与王绿化教授共同领导HELPER STUDY(持续静脉泵注恩度联合EP方案+同步放化疗)项目入选了"2017 BEST OF ASTRO"。ASTRO是国际上规模最大、学术水平最高的放射治疗学术组织,每年ASTRO都会接受全球上万篇放疗专业论文,经ASTRO科学委员会严格评审,最终仅仅有几十篇能入围BEST of ASTRO,在业界极具权威性。

年度最佳的背后是HELPER STUDY为肺癌治疗带来的新的契机。该研究的入选预示着肿瘤放射

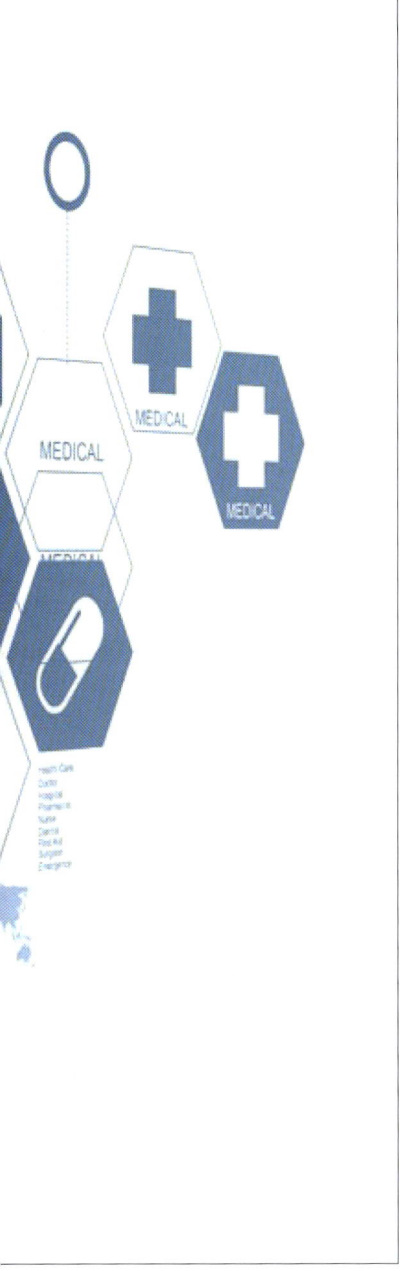

> 远程放疗协作平台将借助肿瘤患者信息大数据和人工智能技术，逐步实现机器制定放疗计划、医生团队优化方案，不断提升靶区勾画、计划设计与计划评估的效率，实现医疗资源的高效应用。

治疗将开辟全新的抗肿瘤血管靶向治疗联合同步放化疗的治疗策略，并有望提高局部晚期NSCLC（非小细胞肺癌）的疗效，改写治疗图景。HELPER STUDY将在2018年进入三期临床研究，"预计又是一个5年计划。"陈明说。

十年磨一剑的专研，在陈明的临床研究中并非个案，局限期小细胞肺癌的前瞻性研究也是其中之一。从2002年启动，到2017年关闭，陈明足足花了15年。

通常，在标准的EP方案化疗之后，需要对局限期的小细胞肺癌进行局部治疗，但化疗后的病灶，如果从5厘米缩小到了2厘米，那么放疗到底应该是照射5厘米还是2厘米的范围呢？对此业界一直争议不断。陈明带领团队成员，不断积累临床病例，最终做出了全球唯一的令人信服的数据。该项研究已被美国临床指南引用，改写了国际上最权威的美国NCCN的肺癌临床指南。

临床实验耗时长、缺资金，陈明却对这件苦差使乐在其中，对于周而复始的测试、分析、调研，始终饱含热情。"问题从临床中来，往往具有实用价值，能够提高治疗效果，改善治疗副作用。"多年来，他的研究几乎全部来自于临床，用于临床，填补了一个又一个放射治疗领域的空白。

眼下，在国家重点研发计划"远程放疗与人工智能"专项之外，陈明还负责着一个国家自然科学基金项目、一个省、部共建重大项目，每天10个小时在工作中高速运转，已是他逐渐"放松自己"的状态。

说到新一年的愿望，也与科研工作分不开，他希望"远程放疗与人工智能"项目能够获得更多的政策支持，项目与阿里健康和之江实验室的合作尽快落地；也希望正在进行的肺癌和食管癌多中心临床研究和实验室研究进展顺利。

但事实上，他从未纠结于结局。"对自己所从事的工作充满热情，那你就会享受工作的过程，不用过多关心结果，因为美好的结果就在前面等着你，它一定会来。"

责任编辑/沈丽萍

人物 PROFILE

程江鸿：逆水行舟

□ 精音全媒体记者 李 洁/文 徐青青/摄

二次创业，逆水行舟，程江鸿褪去了年少轻狂，享受脚踏实地的扎实感。"失败过的这些，我就让它过去，我就向着美好的明天奔去，美好的明天是属于勤奋的人。"过去了这么多年，他始终记着二次创业之初的感怀。

在经历了年轻时的那场大起大落之后,程江鸿遇事显得淡然而随缘。

事业的首次巅峰在程江鸿25岁那年匆匆闪过——他所创立的公司年产值达到2000万元,成为磐安的明星企业。他是当地媒体1996年元旦特稿中的主角,在创业的修罗场里,一度被视为偶像。然而1998年,光辉的故事却在盲目扩张下戛然而止。

或许是天生的创业家,一蹶不振没有在程江鸿身上发生。涅槃,逆水行舟,他很快在杭州开始了二次创业。2003年,快速的原始积累之后,他兼并了浙江智通科技工程有限公司,如今企业年产值已达10亿元。

程江鸿打了一个漂亮的翻身仗,其中的种种不易他却很少对人提起。与过去,他有自己的相处方式。

他是一个念旧的人。每一篇公司报道、每一次参会证件,他都分门别类,悉心收藏,置于办公室中。哪怕是第一次创业时期的资料,也能第一时间找出来。他时不时地翻阅过往,以不平凡的经历警醒自身。

创业二十多年,心态上的变化是肯定的。眼下的他潜藏着不进则退的魄力,也有着"做事先做人"的准则。

2018年的第一天,程江鸿在朋友圈里转发了一篇带着浓浓禅意的心灵鸡汤,《感恩今生相遇的每个人》。这样的新年开场,在他看来,最温暖,也最真诚。

二次创业

采访在2017年的年末进行,一个辞旧迎新的节点上。而程江鸿与杭州的故事也恰恰起始于新岁。

那是千禧年的春节。心怀梦想的人们忙着告别旧岁,奔往新的生活,程江鸿也是其中的赶路人。

他有意挑选了这个仪式感极强的日子只身来杭州。从1993年开始创业,白手起家,经历起伏跌宕,大多数时候他需要独自面对生活的风雨。春节本该是团聚的日子,他却决心给自己一个痛定思痛的开始。

那个"痛"对他来说刻骨铭心,程江鸿并不介意提起往事。建筑设备安装一直是他的本业,在磐安时期也是如此。"买了一家亏损的塑料企业,但是隔行如隔山。"这次"跨界"让他掉到了谷底。

1998年末,程江鸿原本的企业被活活拖死了。他用"贪大求全、好高骛远"总结这一夜之间的落败,"整个企业都破产了,我破产了。"他有足够的勇气直面过去,怀着一身的本事,等待蓄势待发的际遇。"走过了以后,你不要回头看,你只能总结以往失败的经验,把好的继续发扬。"他说,"一定要相信自己。"

程江鸿的词典里不存在所谓一败涂地。磐安之后,他零零散散地打过些工,最难的时候连续15天每天只吃一碗方便面,或是一片面包就着白开水。说到这些他始终带着严肃的表情,人生的这一课对他而言弥足珍贵。

回到千禧年的春节,他在杭州城区租了间45平米的一居室,年夜饭是至今难忘的一份面包。他在那里度过了来杭州的最初几年,也在那里酝酿二次创业的契机。

曾经集团总裁的光环并未让程江鸿自视过高。那个夏天,他走进了杭州人才市场,在一家家基层招聘摊位前穿行,想着先要活下去。

事实上,程江鸿的简历足够厚重,很快便被一家消防安装公司聘用。对方给出了副总的职位,程江鸿推辞,"我先过来,你看我能干多少,到时候再定"。他过人的能力很快得到印证——先后主持了几个数百万的大项目,也在那段时间积累下二次创业的基金。

人物 PROFILE

在重整人脉与资源的这段时间，一个偶然的机会，他接触到了浙江智通科技工程有限公司。当时对方急于转型，程江鸿通过朋友介绍，凭借自己在安装工程行业积累的口碑，将这家公司接到了手上。

刚接手时，无异于从零开始——人员、厂房、设备都是零，公司资质也只有消防一级，年产值仅2500万元。除此之外，原公司的退休工人也都交到了程江鸿手中。"那时候挺难办的，一方面自己还没开始接工程盈利，另一方面还要负担退休工人等费用。"

2003年，公司承接了第一个智通标志项目：临安广电大楼消防工程。接下来的几年，智通科技陆续获得了电子与智能化、建筑机电安装工程专业承包两个一级资质，在全省屈指可数。

此外，程江鸿分别于2005年、2006年创办了浙江智通投资管理有限公司和浙江智通消防网络有限公司，使"浙江智通"成为一家跨行业、多领域、高科技的现代化企业集团。

二次创业，逆水行舟，程江鸿褪去了年少轻狂，更享受脚踏实地的扎实感。"失败过的这些，我就让它过去，我就向着美好的明天奔去，美好的明天属于勤奋的人。"过去了这么多年，他始终记着二次创业之初的感怀。

十亿的背后

多年来，浙江智通通过自主创新，拥有自有技术，不仅成功扭转了企业发展，更成为创立自主品牌，改变消防产业格局的"勇者"。2017年，集团产值突破了10亿元。

从2500万元到10亿元的跃升，程江鸿将成功归功于"初心"二字。"要把份内的事做好，同时回报社会。"

时至今日，公司拥有专业技术人员80余人，施工队伍久经考验。让程江鸿引以为傲的是员工的忠诚度。"大部分都是跟着我十几年的老员工。"他回忆说，每年公司年会都要给老员工发金条，"5年的奖励、10年的奖励，发得越多越开心。"

在企业的发展中，程江鸿努力营造具有"智通"特色的企业文化——统一员工制服、完善企业管理、设立"企业之窗"、成立工会和党支部，建立员工活动室，定期组织员工外出旅游和培训。他和员工保持着伙伴的关系，共同进退，风雨同舟。

以家的情怀做企业，浙江智通建设了一大批声誉颇高的工程项目。公司完成的杭州阳光电信商场、天津帝旺凯悦酒店工程获得国家建设部颁发的"鲁班奖"；浙江省人民检察院新大楼、中大广场公建1号大楼等获得"钱江杯"；杭州颐景园三期公建综合楼、浙江工商大学下沙校区学生食堂等获得"安装杯"；中科院上海硅酸盐研究所、菊园新区社区事务受理中心业务用房安装工程获上海"白玉兰"杯。同时，公司所承接的杭州利星凯悦大酒店单体面积达13万平方米、消防总造价达3000万元，创下当时杭城同类工程之最。

此外，浙江智通还通过了质量、环境、职业健康三合一体系认证。连续多年经杭州市企业信用评级委员会评定为杭州市ＡＡＡ级信用企业，2005年、2006年连续两年被评为来杭投资先进企业，2006年被评为西湖区文明单位，从2007年至2010年连续被评为西湖区建筑行业优胜企业，2011年被评为全国安装行业先进企业。"可以说在行业内，我们已经把所有的奖项都拿到了。"程江鸿带领智通，摘得了消防安装领域的大满贯。

飞升之下，公司开始在全国各地开拓疆土，先后在宜宾、永嘉、东阳、桐乡等地设立分支，目前浙江智通在全国的分公司和办事处已达25家。保利、龙湖、万科、中海等知名地产商都是智通的战略合作伙伴。

未来的规划，程江鸿必然是有的。他是一个计划周详的企业家，相比他人的不拘小节，他显然细腻得多：公司的每一次报道他都以年代归类，收藏在案；做了两届区人大代表，10年的出席证，他都依序排列在书柜之中；手机的日历中，将每天的行程按小时划分，记录得满满当当……关于公司的规划，他早就了然于心。

"之前有人说，你们企业这么好，可不可以上市。其实有些（上市）资料我都已经准备好了，但是后来我想，没必要，因为去圈股民的钱，再去发展，这有风险。"程江鸿承认，如今的谨慎和之前的经历无不关系，脚踏实地，稳步发展，他想着再做5年就退休，眼下要好好培养接班人。"我觉得，不要将一生的时间都花在工作上，要留一些时间陪陪家里人。"

做事先做人

程江鸿5年之后打算退休，但他很快补充道："公益脚步永远不会停，这一辈子也不会停。"

程江鸿深入公益事业并非一朝一夕。采访前在网络上搜索，关于他的报道大多与公益有关："不忘初心回馈社会""因为有你的爱才有了他们的快乐"……他时常提到"做事先做人""企业家就要承担企业家的社会责任。做造福人类的工程是另一方面，给员工幸福感是一方面，做社会公益又是一方面。"

浙江智通大地希望小学就是他众多爱心义举中的一项。2006年冬天，丽水市景宁畲族自治县，程江鸿第一次走进这所希望小学，眼前的一幕让这位七尺汉子红了眼圈：孩子穿着凉鞋站在寒风中吃着家里带来的冷饭，手上、脚上甚至脸上都长满了冻疮，干裂红肿。

没有太多犹豫，他决定要资助这群贫困孩子。2007年9月，由他投资200万元修建的浙江智通大地希望小学开学了。返校的学生惊奇地发现原来破旧的教学楼被一幢三层的新楼房取代，教室里有了全新的课桌椅和多媒体教学设备，原先的水泥黑板也换成了平整的磁性黑板。更让孩子们高兴的是，今后他们不仅不用交任何学杂费，还可以免费穿上新校服，吃上营养餐，用上新被褥、新书包、新文具。另外，公司捐助校车，解决教师的出行困难。为此，浙江智通每年都会捐出20万元，以确保学校的良好运营。

2017年8月29日，是这所希望小学10周年校庆。十年时间，一批批的孩子在这里成长，并走出了大山。校庆那天，作为名誉校长的程江鸿见到了从各地赶回来的同学们，他欣慰地说："只要我们智通公司存在，这所学校就会继续下去。"

同样与教育有关，程江鸿还有一次特殊的乘机经历。2014年的夏天，在离开大连的航班上，他看到了一篇"家乡父老送你上大学"的报道，回到杭州，他便联系当地报社，表达了资助意愿。一年10万，资助20位大连寒门学子，2014年至今，这一善举程江鸿已经坚持了4年。

程江鸿出生于东阳市虎鹿镇的一个教师家庭，母亲是一位普通教师，这成为他日后将教育作为公益重心的原因之一。"还有就是，培养人才是在为社会造血。"

程江鸿粗粗算了这些年的公益支出，"将近八百万"。而慈善事业对于浙江智通来说，也是一种凝心聚力的催化剂。"做慈善光靠一个人做，肯定没有用的，要大家一起做。"他感恩员工和家人的支持理解，"遇到事，大家都是一起捐款。"

每年的"春风行动"，他不仅自己带头捐款，还发动公司员工和身边的朋友共同献爱心。逢年过节，公司领导都和街道的工作人员一起慰问困难户和工疗站的工疗员，为他们送上慰问品和祝福。汶川、玉树等地遭遇天灾时，公司第一时间通过慈善部门向灾区困难群众送去生活必需品。

过去，程江鸿身上的社会身份有很多，他是区人大代表，也是多届杭州市青年联合会委员，2017年他把这些"担子"都卸下了，只留下了"浙江智通大地希望小学荣誉校长"的职务。"这对我来说意义最重，有这也就够了。"

责任编辑/沈丽萍

人物 PROFILE

刘俊：老字号，新匠心

□杭商全媒体记者　李　洁/文　　徐青青/摄

河坊街的中段，屹立着一座具有徽派风格的建筑，临街一面高大的白墙上，"胡庆余堂国药号"七个大字格外显眼。这就是杭州人再熟悉不过的"江南药王"胡庆余堂。侧身闹市之中，求医问药者众多，访古探旧者亦不少，人来人往，好不热闹。

胡庆余堂是胡雪岩在同治十三年（1874年）事业鼎盛之时的自筹药店，已经历143年的浮沉，撑起了中国中药的半壁江山。其店名"胡庆余堂"出自《周易》，"积善之家，必有余庆；积不善之家，必有余殃"，既合胡雪岩开药店之初衷，又与药号的营业特色相称。

自创立以来，胡庆余堂经历了公私合营、国有企业改制、被青春宝收购又收购青春宝等一系列风雨，如今正以"新潮"的面貌亲近百姓生活。

作为"大掌柜"，杭州胡庆余堂集团有限公司总裁刘俊，见证了胡庆余堂在传承与创新中的碰撞，将诚信与气节视为最宝贵的财富。"我们不仅要把事情做好，还要把这个红利积累下来，传给后人。这是一个循序渐进的过程，要深深地、细细地去钻、去挖。"

气节的传承

胡庆余堂以悬挂牌匾著称，几乎堂堂有匾，柱柱有联。众多的匾额都是面向顾客的，而唯独胡雪岩在光绪四年（1878年）亲笔跋文的"戒欺"一匾，面朝店内，藏而不露，是专让自家员工看的，被奉为店训。

"戒欺"匾曰："凡百贸易均着不得欺字，药业关系性命尤为万不可欺。余存心济世，誓不以劣品弋取厚利，惟愿诸君心余之心。采办务真，修制务精，不至欺予以欺世人，是则造福冥冥，谓诸君之善为余谋也可，谓诸君之善自为谋亦可。"该匾上的述文始终被刘俊视为胡雪岩经营药业的"政治"交代。

在刘俊看来，胡庆余堂能够屹立140余年而不倒，靠的正是诚信，"戒欺"的理念贯穿于胡庆余堂生产、经营和服务全过程，成为胡庆余堂的一块"金字招牌"，彰显传承的力量。在经营上，"戒欺"的体现是"真不二价"，向顾客正言胡庆余堂的药童叟无欺，只卖一个价。而反映在生产上则是"采办务真，修制务精"。力求药材道地，要求员工敬业，制药精细。

有一个例子被传为佳话。2003年，一场突如其来的"非典"疫情袭击杭州，在胡庆余堂国药号门前，数百人排起了长队抢购"非典"预防药，随着需求量的猛长，中药材供应价节节攀升，胡庆余堂非典预防药配方中有金银花、鱼腥草、板兰根、连翘等十味中药材，零售价是5元多，当时就金银花一味药来说，原价每公斤20元的已涨到280元，成本就要4.2元，平均每帖药要亏1元多。为了杭州人民的健康，胡庆余堂上下众志成城，每日每夜奔波在全省各地，保质保量地采购药材，在整个"非典"期间，胡庆余堂的预防药不但没有一天短货，没有一次提价，还带头向抗非典第一线的各界人员赠送药物，为了这次抗非典，胡庆余堂总共亏损了50万元。

"非典"当年，胡庆余堂还和浙江慈善总会共同创办了浙江省慈善总会门诊部，专门设立爱心诊室，为杭州市低保特困人群服务，每年组织胡庆余堂名医馆中医专家举办义诊，并送医送药到边远农村和贫困山区，积极参与省慈善总会的慈善年夜会活动，为困难群众捐资捐物。五年后，浙江省人民政府授予胡庆余堂"浙江慈善奖"。

"当时老厂长（冯根生）和我们说，国家有难的时候，不能赚这个钱。我们撑着，不要涨

人物 PROFILE

价,就维持原价卖。"话题谈到非典,刘俊回忆起老董事长冯根生,对于恩师的情感溢于言表,刘俊唯有用实际行动加以传承。

"修成规矩,乃得方圆",1996年接管胡庆余堂至今,"戒欺"之训刘俊深耕了26年,他带领企业架构起从药材种植、饮片加工、成药生产、商业零售、医疗科研以至文化产业等为主业的中药产业链。这些年里,胡庆余堂被国家商务部认定为首批国家级"中华老字号",胡庆余堂国药号被先后评为省、市金牌老字号企业,刘俊也被同行推选担任省市老字号企业协会会长。2016年,胡庆余堂国药号工会被授予"全国模范职工小家",胡庆余堂成为全国老字号企业中的表率。

致远的创新力

刘俊形容自己"比较保守"。在他与胡庆余堂的故事中,没有激进的跃升,没有狂浪的自我,企业发展在循序渐进中抵达最高点。他说,"企业做大和做久,我肯定选后者"。他因此留下过"遗憾",却也为创新赢得了最佳时机。

但保守并不意味着守旧。

刘俊明白,传统的生命力在于创新,要与时代接上榫头,对接现代生活方式,才能更好地为当前市场上的消费者所接受,焕发新的生命力。"许多老字号如今只是表面风光,它们无法承受新时代浪潮的冲击,无法平衡文化传承与经营创新之间的矛盾。"创新的思维与保守的性格在刘俊身体里不断博弈,最终让老字号萌发出新芽。

拥抱互联网如今并不新鲜。而早在2010年,胡庆余堂就已经是第一批吃螃蟹的人——先后进驻了天猫、京东、微店等电商平台。2016年,胡庆余堂还成立了专门的团队,创立海外公司,做跨境电商。在全网铺开7年之后,公司线上年销售额已近亿元,成为国药走近年轻人的新入口。仅在2017年的"双11"中,天猫旗舰店的销量就超过700万元。

"在网上卖什么?必须要适合年轻人口味。"刘俊说,餐间点心类的快消食品,是最受欢迎的,适当的改良非常重要。"我们在电商平台上线过传统雪梨膏,其膏体的颜色较黑,外包装也比较传统,并不是很好看,上线后销量平平。后来,我们针对网上销售的雪梨膏的包装、口味进行改良。没想到新产品的价格相对更高,却卖得比原来更好。"

另外,2016年,杭州百年老店胡庆余堂卖咖啡的消息,也让很多人出乎意料。刘俊说,这些口味新颖的中草药咖啡,由胡庆余堂的中药制剂研究所研发,不少是百年传承的中药配方。这个创意来源于研究所的几个年轻人,虽然刘俊本人从来不喝咖啡,他却没有打击他们的热情,反倒给予他们充足的经费预算,鼓励他们大胆去做。事实证明,时尚的中草药咖啡一经推出,就在朋友圈内受到了年轻人的热捧。

创新还延伸到胡庆余堂"堂簿"中的各类药方。"堂簿"中收集了胡庆余堂多年积累的治疗广谱疾病的药方,其中还有一部分是胡庆余堂成立时,上海、杭州等地名医献的方子。而刘俊则组建了团队对其中美白的方子进行了筛选,经改良后,制作成创新产品"美白膏"。

"这款美白膏投入市场两年,一年的销售额达3000多万元。"据了解,"堂簿"中不少外用的方子,加入现代工艺后,也被制成面膜、脚膜等新产品投入市场销售。

在这些年的尝试摸索中,胡庆余堂积累了不少经验,刘俊口中的"遗憾"也迎来恰逢其时的发展机会。"我们一直在浙江省,觉得胡庆余堂是一个区域性企业,所以要把浙江市场做得更好一些,实际上这个想法过于保守。胡庆余堂这个品牌，胡雪岩作为创始人，带给公司的声誉，应该做成一个全国性的公司，向周边做更多的辐射。"

在扩张疆土的背后，资本无疑是巨大的推动力。上市的计划公司已经酝酿了两年，刘俊的纠结源于"保守"的本质。"快速扩张，短期可能会显现出张力，能不能持续发展，就变成一个未知数。但要走资本市场的方向已经定了，正在进行之中。"刘俊的案头放着厚厚的上市筹备材料，"你看，要解决的问题就有这么多，上市不是容易的事。"

老字号的匠心

杭州清河坊大井巷95号，胡庆余堂国药号的所在地。

这里是国务院授牌的全国重点文物保护单位，也是全国唯一一座在古建筑群内原生态地创建的中药专业博物馆，正式开馆以来，胡庆余堂国药号接待的中外游人数以百万计。

2003年，胡庆余堂斥巨资对博物馆进行改陈布展，恢复古建筑原生态，获得专家学者的一致好评。胡庆余堂中药博物馆多次被评为"浙江省最佳民办博物馆"，是浙江省取得国家二级博物馆资质的民办博物馆，列为省、市爱国主义教育基地，杭州市青少年第二课堂活动基地。

2005年，胡庆余堂组织专业班子开始全面系统地整理总结胡庆余堂中药文化遗产，并正式向文化部提出申报，2006年，胡庆余堂中药文化被列入首批国家级非物质文化遗产名录，胡庆余堂成为目前国内唯一的双国宝单位。

2010年，胡庆余堂特种邮票全国发行，这是新中国成立以来，国家邮政第一次为企业发行邮票，在中国邮政发展史上留下了美名。

……

一直以来，胡庆余堂通过不同的文化形式讲述着百年老店的故事，让这个中国近代史上的商业传奇渊源流传，历久弥新。

"大家都在说企业文化，要老老实实做生意，要突破、要创新，但是能不能真正把这些思想深入到企业经营里面呢？"这是刘俊时常思考的问题。

他常常被问到老字号如何传承，是不是标榜了匠心就能前途似锦？刘俊有着自己的见解。"一般来说，老字号掌柜者必须坚守匠心，踏踏实实践行老底子的东西，但现代企业还要有创新观念，否则企业就会停滞不前，被时代淘汰。"

刘俊也坦言，每一次创新都承受着巨大的压力，担心脚下走出的每一步是否会砸掉胡庆余堂这块牌子。在他看来，老字号背负的社会责任是不可忽视的，在自身发展的同时也希望得到社会各界的关注与支持。

"杭州河坊街上有一间叫'潘永泰'的弹棉花作坊，始创于清光绪二十四年，是目前杭城最后一间弹棉花作坊。棉花店的第三代掌门人、省级非遗技艺传承人潘文彪老人去世了，但这门古老的手艺应该作为一种文化符号受到保护，继续留存下来。"他用这样一家老字号棉花作坊的故事来表达自身对老字号现状的忧思。

"短时间的能量爆发不如细水长流的持续发展，能够把企业经营上百年甚至上千年，才是所有企业应该追求的梦想。"终究，刘俊的骨子里，是一位行稳致远的"大掌柜"。

责任编辑/沈丽萍

人物 PROFILE

记者 李 靖 摄

夏乾良：蛟龙入海

□杭商全媒体记者 周 珂/文

夏乾良在新旧交替中来到"张小泉"。
这位职业经理人身上有着新一代青年企业家的先锋精神，
却又被诸多浙商领袖称为"最年轻的老派人"。

南张北王，成名已久的"张小泉"有着众多拥趸。远有乾隆南游微服买剪，近则作为国礼赠与多位国家元首。刃口镶钢，使其锋利耐用；剪体用铁，则易弯曲造型。这一技术原理配上"良钢精作"的祖训，为"张小泉"品牌的形成与发扬奠定了厚实的基础。现如今，"张小泉"驱动得是整个中国刀剪五金行业的制备能力和发展潮流。

快似风走润如油，钢铁分明品种稠，裁剪江山成锦绣，杭州何止如并州。刀剪王国经久不衰，2018年的"张小泉"将要举办390周年庆，三百多年的时光浩浩荡荡碾过，铸就了"张小泉"今日的芳华。一年将近6亿元的销售规模，名副其实的中国刀剪行业产销龙头；推出"张小泉来了"H5，看完的玩家超过一半。线上线下的结合让"张小泉"历久弥新。

夏乾良在新旧交替中来到"张小泉"。这位职业经理人身上有着新一代青年企业家的先锋精神，却又被诸多浙商领袖称为"最年轻的老派人"。2013年开始负责张小泉电商业务，海外战略亦由其开始重塑，三大产品矩阵井然有序，且让我们来品鉴不断更新迭代的"张小泉"。

传帮带的工匠精神

工业化时代，还有一把一把磨出来的剪刀吗？有，"张小泉"的正品都是这样做出来的！夏总坦言："中国前几大做机器人的供应商我们都接触过，做了无数技改，都不是非常顺利。在这种工艺面前，几乎没有实现完全自动化的可能。"张小泉剪刀的两片不是平的，两瓣呈凹型，当中呈中空状，保证切割过程中只有两条线进行作业。中间不磨，所以损耗小，耐用锋利，这个工艺叫凹势工艺，只有"张小泉"一家还完全坚持这样的技艺。

走进张小泉办公楼，每三级阶梯上都贴着红底白字的标语："撸起袖子干，为振兴民族品牌而奋斗""对于工匠精神的敬畏是张小泉基业长青的保障""践行全面质量发展观，实现产品、服务、管理和人格质量的持续提升"。"张小泉"的员工用实际行动印证着他们自发贴上的标语。一

人物 PROFILE

批刀柄上带了一点点毛刺的刀已经出厂发货,愣是被工人追了回来。他们说,"我们的爷爷、爸爸都是'张小泉'的员工,出现这样的事他们是绝对不会同意的!"传帮带精神将老一辈的记忆流传至今,成为"张小泉"的核心竞争力。

初入夏乾良的办公室,会不由自主地被墙壁上挂着的精美字画所吸引。每一幅都是国家级名家的墨宝,这样的字画在"张小泉"有1000多幅,足以折射出这家老字号企业的历史绵长。一百单八将更是"张小泉"最宝贵的财富,这些杭州主城区的老手艺人们,每天坐着班车往返市区与富阳之间,入车间挥洒才华,传授自己的不二本领,保留下"张小泉"的重要基因。夏总说,他们都已是艺术家的级别。嘴里叼烟,耳后别笔,刷刷刷就能出来稿子。没事时候就弄点泥巴,弄块木板,弄点铁片,一件精美物件就诞生了。夏总办公室除了餐巾纸这样的标准件,所有的物品都来源于张小泉员工。设计、打样、出成品、茶针、茶勺一应俱全。青花瓷的碗和汝窑冰片的壶更是玩了一个跨界,拿到景德镇去烧。到如今,全厂拥有六位非物质文化遗产传人,大家谦让恭谨,相互切磋。

除了继承,革新必不可少。抗美援朝时期,三八线附近天气寒冷,绷带剪不开,导致大量战士死亡。国家给"张小泉"下死命令,必须开发一把专门用来剪结冰布的剪刀。九次实验,一把伤员剪,拯救了两万条性命。目前张小泉剪刀和刀的SKU数更是达到了18404种。摘葡萄有葡萄剪,摘橙子有橙子剪,不同功能,不同季节,不同地域,不同人使用,一把剪刀可能就有上百种规格。继往开来,"张小泉"缔造了自己的刀剪王国。

突破创新的三大矩阵

"张小泉"是矛盾的个体,身上有着两种截然不同的使命感。世代传承,做一个百姓品牌,让所有人看得见、买得了、用得到。"张小泉"至今仍在出产8毛一把别在皮带上的折叠剪。与此同时,"张小泉"又希望代表中国高端刀剪行业,跟国际刀剪巨头碰一碰。热播剧《汉尼拔》中就曾出现过"张小泉"的身影。汉尼拔在一个地域拍摄,就会选取当地最好的刀具,日本选旬,德国选双立人,到了中国,不出所料地选择了"张小泉"。

"张小泉"在中国的影响力由销售渠道也可见一斑:微商、电商、超市、门店、百货摊、赶集。夏乾良在云南出差时,曾亲眼目睹小摊贩推着牛板车卖"张小泉"的菜刀和剪刀。在甘肃宁夏等地,"张小泉"的刀是在牛背上卖完的,40元一把无人砍价。伴随着"迈小步不停步,回头看看一大步"的步调,"张小泉"2017年开了10家门店。

夏总坦言:"我们在两种诉求中不断纠葛,反复挣扎,这期间,我们做了一件事:让电商价格贴近年轻人,让超市价格贴近有品位的中青年人,让门店价格贴近高端消费人群,让流通和批发渠道贴近广袤的大众。"分门别类,精准定位,不仅定位了不同受众,更奠定了三大矩阵。众所周知的民用矩阵:供给老百姓用的剪刀、菜刀;庞大的工业矩阵:机械设备上使用的刀片、服装剪、羊毛剪、海洋用剪等;欣欣向上的礼品矩阵:锅具、茶具、杂件、筷子、铜制品等。

做锅具则完全是一个奇妙的开始。当时夏乾良去《今日头条》做节目,收到了一口采购价19元的锅。他看到了新的增长点,限制三公消费后,市场上出现了大量的廉价产品。在招投标

◆张小泉展厅一角　　供图/张小泉

时，企业希望能有产量大、价格不贵又有牌子的锅具，"张小泉"顺势切入。百年老字号的品牌加上优质的质量，"张小泉"在定制礼品上收获颇丰。这些专为大型客户作为礼品团购而出的产品，供不应求。其生产的茶勺，将制刀工艺运用到茶具雕磨当中。67种钢材压制形成花纹，重且精，贵又佳。

进入"张小泉"，夏乾良经常问自己一个问题：老百姓为什么买刀？只有通透了这个问题，才能知道"张小泉"未来十年的发展方向。作为《每日经济新闻》智库专家，他写过一篇文章：未来厨房的方向。在他看来，厨房会形成袋装使用的场景。我们会在天猫超市买10种袋子，里面有不同素材，届时只需加热即可。以后做饭将不再为满足饮食所需而是满足享受所需。为了迎合需求的发展变化，产品需

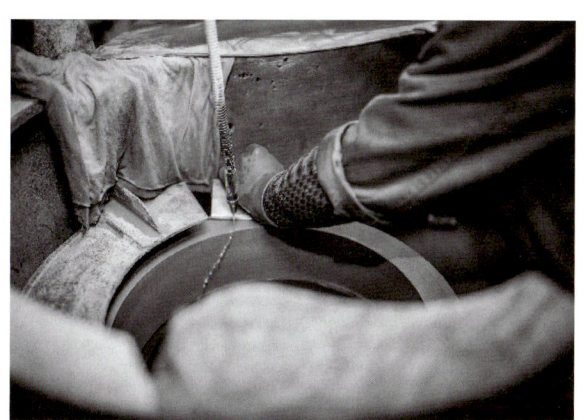

记者 李　靖摄

张小泉剪刀的两片不是平的，两瓣呈凹型，当中呈中空状，保证切割过程中只有两条线进行作业，中间不磨，所以损耗小，耐用锋利，这个工艺叫凹势工艺，只"张小泉"一家还完全坚持这样的技艺。

人物 PROFILE

◆ 张小泉园区外景

供图／张小泉

要越来越精致。

如今"张小泉"一头扎进实验室，用两把不同的刀切黄瓜，将黄瓜膜片送复旦生命科学院，检验黄瓜薄膜中的细胞分子构成状况。一把好刀，细胞壁没有拉碎。"张小泉"又找90后、00后试吃生鱼片，经统计，用锋利的刀切出来的黄瓜、番茄、生鱼片，口感更Q弹。还找了重庆火锅店联合研发超薄土豆片，将土豆片厚度维持在1毫米以内，下火锅汤底后7秒拿出，土豆片即呈粉糯状。做这些的目的只有一个：打动消费者！

除了打动，更要引领。瞄准大势，提供整体的厨房用品解决方案，向品质生活家庭进发，"张小泉"加减法并做。将厨房刀剪配齐，培养消费者专剪专用的好习惯。包括杂件、面捞、油壶等，并将厨房的一系列产品一步到位，然后进攻书房、茶室等领域。对于个性化的单身消费者，则发挥极简主义，推出"锤点"系列两件套。银锤灼灼舞庖屋，一把片刀、一把厨刀、一只小锅，一个人也能拥有完美小天地。有趣的是，夏乾良的妈妈试用了一个月，小区里多了40人使用锤点刀具。时代发展跌宕起伏，张小泉始终屹立潮头，经久不衰。

老辣独到的宏观把控

"我们以前不做像'锤点'这样的生意，是从2013年开始往这个方向转型。"夏乾良告诉记者"张小泉"这些年经历的变化。2013年张小泉的刀具比例占全厂生产比例不到30%，2017年达到了67%。也是从夏乾良来到"张小泉"的2013年，公司开始关注消费者，在消费者之前想问题。但他坦言这条路是错的，全世界都在跑马车的时候，谈论汽车怎么造没有现实意义。"张小泉"需要做乔布斯的工作，告诉大家，原来刀剪可以这么用。夏乾良将这称之为撞击消费者。

消费者越来越挑剔，从根出发，才能把握发展脉络，做出省时省力的产品。斩切两用刀的推出就是一个很好的例证，前斩后切，47万把的销量印证了"张小泉"思路的正确。"农村包围城市"则是实践出来的海外战略。从唐人街的华人开始渗透，慢慢由点及面。如今"张小泉"的园林用剪在美国已经顺势而起，占有一席之地。销售收入从2015年的400万元提高到了2017年的4000万元。

谈到已成风气的新零售时代，夏乾良另有话说，他的别具一格也一度被认为是"最老派的年轻人"。在他看来，无论何时，商业本质不会发生任何变化，就是买和卖。如今，为了追求更高速率的送达，中国多修了无数公路、厂房，浪费了数不清的木头、石头和燃料。站在全球宏观经济的角度，这样的做法极大地降低了中国对于自然资源使用的效率，从而减弱了我国与其他国家

在综合竞争当中的能力。

零售的初衷没有发生任何变化，无非就是改变了一定的组织方式，让买来更便宜，让卖出更有竞争力。夏乾良一直沿着这样的思路经营"张小泉"，一路走来都有迹可循。2014年"10万把国民好刀"就是一个很好的案例。在那年的"双11"期间，"张小泉"以一元的价格出售出现在《汉尼拔》剧中的刀具，10万把好刀由此进入千家万户。经此一役，"张小泉"成功打开了电商市场，从200万元的体量增至2亿元。适逢390周年庆，夏乾良找了很多插画师画Q版"张小泉"，准备做100万个冰箱贴免费放松。

"要做就要做有意思的。随着国民经济的复苏，民族情怀复归，'张小泉'要紧抓五年窗口期，迎头赶上国际先进水平！"随着老字号热度上升，'张小泉'想成立一个中国老字号基金，专门用来投资帮助老字号。夏乾良笑说："没点情怀真做不了'张小泉'。"强大的基因在博物馆、档案馆随处可见。其安全台账，记录员工手指受伤时用钢笔画手，红色墨水点伤，全本字迹端正，以缝纫粗线合成。如今的张小泉档案室这样的台账有20多本，保留了1919年至今的报纸，还有清政府颁发的嘉奖令。

在国际上，不输给任何一个同行业品牌，为中国民族品牌争一口气是"张小泉"的终极目标。全渠道蓝图下，通过三大矩阵撬动全渠道更深层次发展，让老百姓能继续使用喜闻乐见的张小泉厨房产品，进而不落后于所谓的智能家居发展方向，真正打造一张中国制造的名片。整个中国的基础工业还很薄弱，高端车床的刀具主要还是进口的，"张小泉"想要弥补这个空白，发扬中国精神。未知还很多，但"张小泉"一直在努力。

责任编辑/沈丽萍

人物 PROFILE

女人做事的方式总是很**细致**的，事业型的女人更有着**坚忍不拔**的执着信念。而**高艳静**正是凭着这两种**优秀品质**，引领大连家瑞三和商贸有限公司**一步一个脚印**、稳健地攀向**行业高峰**。

高艳静：信念的力量

□杭商全媒体记者　马三三/文

八年前，家瑞三和还是一家只有一间办公室的小公司，如今的家瑞三和，已经是一家多元化、多产业的大型商贸公司。除了销售工程机械及配件、五金机电产品、日用品百货外，还拥有工程机械租赁、工程技术咨询等多项业务。随着市场的不断开拓，公司不仅在沈阳、大庆、天津设有办事处，更成为徐工集团（徐州徐工基础工程机械有限公司）的东北区总代理，负责东北三省和内蒙古东部地区的营销业务和售后支持，近年来，公司产品更是远销国外。

翻开家瑞三和的创业史，有两位人物不得不提，一位是创始人包艳国，另一位就是总经理高艳静。

高艳静，干练中透着一丝淡雅的文艺气质，初见之下，很难将她细腻温柔的形象和从事的重工机械行业联系在一起。

在加入家瑞三和前，高艳静在一家船用机械公司的财务部门工作，然而这朝九晚五的工作却并非她真正所想要，在她心中一直有个创业梦——希望能开一家和机械设备有关的公司。

"人生有时很奇妙，有些想法一直在你心中却没机会实施，直到某天有人替你说出了那个最初的梦想，这时，你就会义无反顾加入这个事业。"高艳静这样说道。

一次偶遇，唤起初心

替高艳静说出最初梦想的那个人便是包艳国。2009年初，在一次朋友聚会上，高艳静认识了包艳国。当时从事非开挖工程项目的包艳国，说起定向钻机、掘进机、旋挖机等头头是道，这引起了同样从事机械行业的高艳静的关注。也是在那次聚会上，包艳国向她讲述了自己的经历：当年因家境不好在工地打工，一次和水平定向钻机的偶然接触，让精明的他看到了一丝商机。为了了解这台钻机，他专程坐火车南下徐州实地考察徐工集团，后以融资的方式购买到第一台钻机。在那之后，这个年轻人便开始招募团队用钻机承接工程。在2003年到2008年的五年里，从一台水平定向钻机做到了整套施工机械轮流作业，承接的工程越来越多，越来越大。正如当年所预见，这些年不少合作方及客户都专程找他租赁或购买水平定向钻机。于是精明的他再次看到商机，在花了一周时间整理出一份详尽的市场分析报告后，他再度南下徐州并前往徐工集团洽谈在当地代理水平钻机的业务。功夫不负有心人，顺利签下代理合作协议后的包艳国开始筹备创立大连家瑞三和商贸有限公司，这家公司便是徐工集团在大连地区的唯一水平定向钻机代理商。

说起自己的创业历程，包艳国总结了一段话："别人做行业时，你必须要做先机。等先机成了行业，你又必须重新找先机做。想做的事就一定要做，我们不做谁来做？现在不做什么时候做？"也正是这样一段话，燃起了高艳静这些年来一直深藏心底的创业斗志。经过一番思量后，高艳静做出一个惊人的举动，毅然辞去工作，加入包艳国的创业团队。

遭遇"苦夏"，创业维艰

"2009年是金融危机的一年，很多行业都不景气，那年的创业者们面对的形势比以往严峻得多。"高艳静说道。那年3月，高艳静跟着包艳国一起站在了创业的起跑线上。作为团队骨干，招兵买马和开拓市场成了创业初期工作的重中之重。然而公司初创的几个月里，一切都在"摸着石头过河"，高艳静和她的团队面临着各种难以想象的难题：业务熟练的机械营销人员和售后人员难找，业务接洽流程体系尚未完全确立，配套机械设备短缺……更主要的是，2009年正值金融危机，市场很难开拓，上门洽谈的合作客户更是寥寥无几……面对这重重藩篱、遍地荆棘，高艳静感到了极大的压力。那段时间，她白天常常满心愁雾，晚上则是整晚整晚的失眠，2009年的夏天，对于她来说是一个难熬的"苦夏"。

人物 PROFILE

逆境创变，迎来"初春"

然而越是逆境，越让这个看似纤弱的女人变得坚忍不拔。那个夏天，她开始带着团队外出考察，在走访了沈阳、鞍山、抚顺等地的多家机械工业销售企业后，她将家瑞三和的架构体系重新进行了全面梳理调整。财务专业出身的她更为公司制定了成本控制制度、梳理资金流动体系等。同时她分析大连当地的市场形势后，又采购了徐工集团的多台其他机械设备，并将产品种类扩大以吸引更多的合作方。一边是开源一边是节流，双管齐下让公司运转慢慢有了起色。

打铁还需自身硬，公司最重要的还是产品。每售出一台水平钻机后，高艳静都会亲自跟进售后，经常戴着安全帽出入项目工地，为客户提供专业的产品售后协助，用心服务好每一家合作公司。为了对自家的机器设备有最深入的了解，她甚至会在工地呆上一整天。正是她身上十足的干劲和认真的态度，赢得了越来越多的客户与合作方的信任与支持。在她的努力下，"苦夏"终于褪去，公司也迎来了"初春"。

诚信销售，以客为友

然而，对要强的高艳静来说，这只是刚刚叩开寻梦的大门。接下去要做的事情比之前要多很多。随着合作订单越来越多，高艳静也越来越忙碌，她开始着手扩充自己的业务队伍，又招纳了一批机械销售业务人员，营销团队也逐渐扩大。短短数年里，家瑞三和在整个辽宁省非开挖工程机械销售行业的市场份额不断增加。而越来越大的工程项目，则需要更多的高水准机械设备来满足客户需求。高艳静意识到只有不断扩大规模，增添尖端设备，才能在市场抉择中脱颖而出。

"作为代理商，我们既是供货商，也是用户。在我看来，客户就是我们的朋友，因此决不能做坑朋友的事。在我们把产品出售给客户前，自己首先要替对方深入了解产品，有个切身的产品体验，才能给合作客户一个很好的交代"高艳静说。每次从徐工集团引进新设备前，高艳静都会带着团队亲自检验性能、实地试用，并设立了门槛，综合性能达到期望值的新设备才会引入。很多客户都表示："家瑞三和的设备产品不仅售后有保障，连售前都很有保障。"

"钻"出一条康庄大道

在高艳静的努力下，公司逐渐建立和完善了产品销售网络和优良的服务体系，推出了以租代售、二手车置换、融资租赁等业务。从2009年到2013年，家瑞三和一直稳坐徐工集团代理商的销售冠军宝座，2013年更是取得了年销售额近5亿元的骄人战绩。公司产品远销到南亚、中东等地区，公司在中东、印度尼西亚等国家和地区设有代理点。家瑞三和的业务员往来于各国间，还将继续开拓更多的国外市场，将更多的机械设备产品推广到世界各地。

"之前想着要不要进口国外的一些机械设备来出售，现在则是国外的合作方来主动购买我们的产品。以后我们机械设备产品还要进军北美、南美。相信在不久的将来，我们的机器一定会钻穿地球，登陆在太平洋的彼岸。"高艳静指着办公室的世界地图笑着说道。

八年来，这位温婉而坚毅的女子通过自己的坚持、努力、大胆创新，让大连家瑞三和商贸有限公司一步一个脚印稳健地攀上了行业高峰，更实现了自己最初的梦想。

责任编辑/楼燕红

紧商科技股份有限公司

全国服务热线：0571/5717/3777

详情请登录紧商螺丝城交易平台

www.jinshang9.com

　　公司前身是杭州一键通电子商务有限公司，成立于2009年。2016年2月紧商科技股份有限公司在一键通的基础上组建，注册资本6000万元，完成第一轮增资，实收资本1.47亿元，计划投资15亿元人民币。先后荣获中国电子商务行业最具创新奖、互联网平台金鹰奖、优秀流通平台等奖项，得到市场的认可和客户的信任。

　　紧商科技以紧固件行业生产为后盾，以汇聚全球信息、共享行业资源为方针，市场需求为导向，通过"紧商网"为链接，整合行业上、下游资源，为企业提供生产原、辅材料及相关企业需求的日常生活用品，为企业提供一站式服务。

　　紧商科技将在温州建立紧商电子商务产业园基地，从价值链上游解决企业产品设计缺失问题，帮助企业打造自主产品，在全国范围内为核心供应商提供品牌推广服务；在长三角地区以杭州湾为中心建立集仓储、物流、配送及配套服务为一体的综合性管理总部——仓储物流中心；在珠三角、长三角、渤海湾以及西南地区建立物流配送基地。

◎地址：杭州市萧山区党湾镇镇中路9号　　◎邮编：311221　　◎电话：0571-57173777　　◎传真：0571-83693829

访谈 | INTERVIEW

与唐家三少、月关、管平潮等网络文学大神面对面

□杭商全媒体记者 李 洁 周 珂/文

【编者按】网络文学,即以网络为载体而发表的文学作品,这一新兴的文学形式在过去二十年快速成长,成为当前中国文学发展格局中重要的新生力量。

二十年来,"填坑"成为网络作者的日常,"追更"成为网络读者的习惯。读者们从蔡智恒追到流潋紫,从南派三叔追到唐家三少,从网页追到手机,从文本追到影视。全国网络文学原创产值已超过百亿元,网络文学用户接近4亿,占全国网民半数。中国网络文学在世界文化史上书写了一个传奇。

前不久,中国网络作家村落户杭州市滨江区。这意味着,继动漫游戏、现代传媒、设计服务、文化会展后,网络文学将成为滨江文创产业新的亮点。

中国网络作家村的落成,对助推浙江建设网络文学重镇、杭州打造中国网络文艺之都,具有重要意义。

访谈 | INTERVIEW

唐家三少：
让网络文学再加速

◎ 唐家三少速写

本名张威，北京人。起点中文网白金作家，代表作有《为了你，我愿意热爱整个世界》《光之子》《琴帝》《斗罗大陆》《绝世唐门》《神印王座》等。2011年当选中国作家协会第八届全国委员会委员，成为全国第一位网络作家委员；2016年当选中国作家协会第九届主席团委员，成为唯一一位网络作家委员。2012~2016年，五度蝉联"中国网络作家富豪榜"榜首；2015年首届"网文之王"评选，当选"网文之王"。

提到中国网络文学界的"大神",人们脑海中浮现出的第一个名字就是:唐家三少。

在网络玄幻文学鼻祖、上海视觉艺术学院网络文学专业教授、炫世唐门文化投资有限公司董事长等头衔之外,如今唐家三少成为首批入驻中国网络作家的签约网络作家,并被任命为首任"村长"。

对于中国网络作家村的成立,唐家三少带着期待与憧憬,他说:"现在我们有一个属于自己的地方,特别有利于网络作家之间的交流互动,大家能够一起讨论故事、情节,甚至一起创作,我觉得这是一个特别好的事情。"

杭商全媒体记者: 请谈谈您创作网络文学的成功经验。

唐家三少: 曾经有人问我,为什么能在网络文学领域做得那么好。我说其实不只是我,每一位网络文学作家,都在做一件很不一样的事情,那就是让读者能够更多地看见我们。我可能不是网络文学作家中做得最好的,但我应该是让读者看到次数最多的。其实对于作家来说,让读者看到你,就是让读者看到你的文字。在十四年的时间里,我大概创作了四千万左右的文字,两百多本书。网络作家通过这种方式,和读者保持更加紧密的关系。我经常说一句话,是读者成就了我们,读者的支持是我们最大的创作动力。这也是当年我开始创作网络小说的初衷。

我当年创作网络小说,纯粹是出于兴趣,写一些内容发到网上,网络最大的特点就是共享,读者可以第一时间给出评价,告诉你感受。在读者的鼓励下,我们才能一路走过来,我相信有很多网络作家和我有同样的感受。

杭商全媒体记者: 您怎么看待中国网络作家村这件事?

唐家三少: 我认为网络作家村是一件特别好的事情。很多人会问,网络作家村能做什么,第一任村长又能做什么?我认为能做的有很多。第一件事就是联谊。网络作家来自于天南地北,现在有一个属于自己的地盘,特别有利于网络作家之间的交流互动,大家可以一起讨论故事、情节,甚至一起创作。

在神仙居,首批入驻了五位网络大神,在天马苑也入驻了一批优秀网络作家,未来还会有大量优秀的网络作家进入中国网络作家村。希望网络作家村能邀请更多的作家来到这里参观、探讨、学习。作为网络文学的先行者,我们也愿意把经验交流给作家朋友们。

杭商全媒体记者: 中国网络作家村的成立,对产业发展有怎样的推动作用?

唐家三少: 我希望网络作家村的成立,能够在滨江的文创产业中真正成为核心。因为我们一线作家在做的,其实殊途同归,用一句话总结,就是以内容为核心的版权运营,内容是一切的源头。

希望可以打通上下游产业,让文创产业相互配合。不管是游戏、影视还是版权的延伸,中国这么多优秀的作家,能够提供的内容有很多。我认为网络文学之后要做的,是生产具有世界影响力的中国IP,真正帮助中国文化走出去。

杭商全媒体记者: 请谈谈您对滨江文创产业的感受。

唐家三少: 我去过很多滨江的企业,这里产业环境很好,滨江有别的城市所不具备的优势。目前,滨江应该是政府中对文创产业重视程度最高的。这是一件互惠互利的事,不管是作家,还是滨江的文创产业,把战线打通,共赢才能长久,核心力量才能更好地展现出来。

杭商全媒体记者: 之后在产业上您会如何与

访谈 | INTERVIEW

滨江互动?

唐家三少: 一是和上下游企业的互动,二是组织作家和入驻网络作家村的作家进行互动。我们聚集了全国最好的网络作家,希望能够组织一些活动、讲座,把我们的经验传授给更多的人,这样才能发挥出网络作家村的作用。杭州打造成网络文艺之都,我也希望能在这个过程中多做贡献。

唐家三少代表作有
《为了你，我愿意热爱整个世界》《光之子》《琴帝》
《斗罗大陆》《绝世唐门》《神印王座》等。

访谈 | INTERVIEW

月关：
网络文学将持续健康发展

◎ 月关速写

原名魏立军，作家，中国作协会员，辽宁文学院客座教授，上海视觉艺术学院客座教授，辽宁政协知联会会员。

著有《回到明朝当王爷》《狼神》《大争之世》《一路彩虹》《步步生莲》《锦衣夜行》《醉枕江山》等长篇小说，及美文《美丽的童年》和文学剧本《追爱跨世纪》。

2011~2012年，连续两届分别获得起点中文网金键盘奖年度作家和年度作品两项冠军。2013年，获得由莫言颁发的中国移动手机阅读基地和阅读榜中榜网络文学新作奖及"全民奥斯卡"创新网络文学奖。月关在网络文学界拥有极大号召力，被誉为"网络历史小说之王"。

记者 徐青青摄

杭商全媒体记者： 您现在商业活动很多，创作跟之前相比还多吗？

月关： 挺多的，基本上都是自己在创作。很多事情都委托了经纪人在办，我个人最重要的事情还是内容输出。

杭商全媒体记者： 您平时是怎么安排自己的阅读时间的？

月关： 阅读时间基本都安排在晚上。上午进行小说创作，下午进行剧本设计。我还是喜欢健康的工作状态，不会像很多作家一样日夜颠倒。

杭商全媒体记者： 您写了很多历史类的作品，您平常涉猎哪些书籍？

月关： 我看书很杂，不分门类。只要故事好、人物好，我会在其中学他们的长处，所以什么类型的书我都会看。

杭商全媒体记者： 您是怎么保持创作力的？

月关： 第一方面，就是喜欢。到了后期创作时不可避免会有疲惫感。但我认为，既然我写的东西放在网上，网友花钱订阅，就是一种合作关系、契约关系。所以如果能抽出时间进行创作，我就会竭尽所能，这是职业道德。专职一个行业，要有职业道德。

杭商全媒体记者： 您是在怎样的契机下决定专职写作？

月关： 我在2006年末开始创作，到2011年，白天上班晚上写作让我感觉到非常疲惫。这种情况就需要我做出抉择。当时我想，文学是我的爱好，而且它作为一个产业能够让我养家糊口，那我为什么不从事这个行业？我当时在银行做业务主管，犹豫了一年才真正辞职。

杭商全媒体记者： 您创作的时候也是白天创作晚上看书？

月关： 对，这是我养成的一个习惯。以前白天上班，所以晚上不可能睡太晚，晚上最多到12点，我一定强迫自己睡觉。辞职后我在家工作，白天睡觉的话会受到干扰。

杭商全媒体记者： 您怎么看待现在的网络文学改编成影视、动漫？

月关： 我虽然是网络作家，也受惠于IP热的利益，但我不认同现在的网络作品都叫IP。IP是知识产权，这些作品有一定的粉丝量，并且能够产生一定的影响。但是仅仅从这方面考虑的话，利用粉丝影响倒推收视率的国内也只有《鬼吹灯》和《盗墓笔记》这两本书。影视公司老板选择作品时为了能够有把握地拿到一个好作品，就会选所谓的IP。但是最后成品受不受欢迎，除了内容还是要看制作和宣发。影视公司要是把成功完全寄望于IP，是很容易失败的。

杭商全媒体记者： 看到您有8部作品都在做影视改编，您是每部都期待还是有特别期待的？

月关： 自己原著的作品我都期待，这个是正常的。但有些原创作品是我但编剧不是我，我无法保证最后的成品。所以相对来说我更在意我自己做剧本的作品：《夜天子》《大宋北斗司》。

杭商全媒体记者： 小说创作跟剧本创作还是有差距的，您怎么看？

月关： 确实，而且很多人会转不过来。我第一次尝试做编剧的时候还问过不少朋友，他们好多人都说你千万别尝试做编剧，要用很久时间来调整小说和剧本创作。我跟宁财神、于正都是朋友，就让他们发几集剧本过来看格式。写完之后，他们就说你跟谁学的，我说就看着写的。他们说你这就是剧本啊，这是天才！后来我想到，这跟我小时候阅读有关。那时看书很少，小说看完之后看到图书馆有一排剧本，我都会借来看，可能是那时候打的底子。

访谈 | INTERVIEW

月关代表作有《回到明朝当王爷》《狼神》《大争之世》《一路彩虹》《步步生莲》《锦衣夜行》《醉枕江山》等长篇小说。

杭商全媒体记者： 您改编的第一部剧本是哪部？

月关： 第一部是《大宋北斗司》，《夜天子》是第一部原著和编剧都是我的作品，这两部基本上是同时创作的，现在就看哪部先上映了。

杭商全媒体记者： 您刚刚说IP影视化对网络文学有不同的影响，能具体说一下吗？

月关： 以前写书是没有目标的，作者创作都是出于热爱，或者就是基于网友的阅读兴趣。到了现在，需要考虑更多的问题尤其是价值取向的问题，一定要写三观正的弘扬正能量的作品，只有作者创造出更深度的东西，才能引导网络文学更好的发展。

杭商全媒体记者：您怎么看待现在的中国网络文学？

月关：我觉得它现在已经进入相对稳定期。网络文学头十年野蛮生长，以爱好者居多。第二个十年，因为资本介入而高速发展。现在应该进入沉淀期，稳步发展，增速放缓，现在资本已经在冷静了。网文作者渐渐受到重视后，对社会给予的希望和认知会有一种责任感，不会乱写、胡写，网络文学将会更健康地发展。

杭商全媒体记者：您自己更钟爱写哪种类型的作品？

月关：我是一个不安分的人，哪种类型都写过。都市、武侠、玄幻、历史都写过，我还会看读者留言。其中有一条我印象深刻：没有一个人是全才，金庸那么有名一辈子写武侠，琼瑶捧红了那么多明星一辈子就写言情，大家都喜欢您的历史类作品，为什么要去尝试那么多门类。我觉得这段话很有道理。所以现在主要写历史类的小说。

杭商全媒体记者：您2006年开始创作网络文学，当时身边有别的人一起吗？

月关：没有，我当时对网络完全没有了解。而且我从小看的是传统文学，对于网络文学我一开始是不屑一顾的。后来我在银行内部网的论坛看了一段文字就陷进去了。我一个月花差不多60元看小说，每天回家都看，看了4个月，首页上我喜欢看的类型都看到最新文章了，我就决定自己写。我把自己当做说书人，每天增加一个读者就会很开心。我完完全全是懵懵懂懂一头扎进来的。

杭商全媒体记者：您当时看的是什么类型的网络文学？

月关：我看的第一本书是玄幻，唐家三少的《狂神》。之后看黄易的《寻秦记》，看得如痴如醉，后来我们竟然能在一个酒桌上吃饭。互联网真的改变很多人一生的命运。尤其是我们这行，有当律师的、工程师的、保安的、退伍军人的。互联网给了我们一个发展平台。就像《余罪》的作者常书欣老师，在小县城里没有工作，还会被抓到派出所去，但是他的书就非常贴近生活，互联网给了我们机会，我们真的感谢互联网这个平台。

杭商全媒体记者：当初您是怎么毅然放弃银行中层工作而写小说的？

月关：我当初是一书封神，《回到明朝当王爷》这本书，拿了平台几乎所有的第一。那个时候就赚了很多钱，有稳定的收入。我是北方守旧的人，觉得不能没有一个铁饭碗。直到2011年，体力实在跟不上，犹豫了整整一年，忽然有一天开窍了。上班是为了养家糊口，我现在已经做到了，所以回家就写了辞职信。辞职理由还没说是为了写书，只是说出于个人发展考虑。

杭商全媒体记者：您怎么看待网络作家这份职业？

月关：社会对这个行业是有认识过程的。比如我，银行职员，工作还算体面，愿意写就写，不愿意写就不写。有些没有正常职业的网络作家，早些年还受到过歧视，现在整个社会观念都在变，网络作家的地位也提高了。

杭商全媒体记者：您是以个人形式还是工作室的形式入驻作家村？

月关：现在是我个人在跟滨江区政府谈，但入驻后会扩大规模，邀请一些志同道合的伙伴一起做项目。牵头人是我，但以后一定是以团队的形式存在。

杭商全媒体记者：您说的这些志同道合的人都包括哪些？

月关：创作风格相近的作家，还有影视行业经

访谈 | INTERVIEW

营文创的朋友。经营公司主要还是以我们自己的内容创作为主,影视公司参与为辅。

杭商全媒体记者:您落户滨江之后,一年会有多少时间留在滨江?

月关:我来滨江之前是做过考察的,不是说过来点个卯,过来之前我就决心要落户在这里。而且政府给了非常好的政策,让我可以踏踏实实在这里做事业。等到真正落户后,我基本上就会一直呆在滨江。

杭商全媒体记者:您说滨江给了您一些政策,能够举些例子吗?

月关:它主要是房租的优惠和税点的返还。但这些我不是很在意,我更在意的是这边的软硬件,给我们解决了很多后顾之忧,对我们文创产业的支持力度大,营造了良好的文化氛围。之前跟其他作家朋友见面要大费周章,现在大家都在作家村里面,效率会非常快。我重视这里的人文环境,我很多的作家朋友都在这边。我个人感觉,杭州可以成为继北京之后的第二个文创中心,这里的扶持力度超越了北京、上海。

杭商全媒体记者:这样的文创环境北京、上海也有,为什么偏偏选择杭州,选择滨江,滨江的什么因素打动您?

月关:客观评价,北京文创产业确实比杭州强,主要因素是影视公司的质量与做戏的格局。但随着网络文学的发展,我想把文创产业做得更大一些,我势必需要适合发展的土壤和环境,在这过程中,我在一线大城市中做了筛选和调研。杭州不仅是历史的人文胜地,从现实角度讲,它也正在产生新的人文奇迹。在调研过程中,跟滨江区政府、文联、作协的领导去了网络作家村,对于硬件软件有了一定的了解,感觉这里非常适合我们发展。软硬件的大力支持能让我们后顾无忧,能让我们将精力都放在创作上,同时政府给我们营造了非常好的氛围,让我们跟其他作家交流、沟通、进行项目合作

都有了便利的条件。出于这种选择,我非常欣然地选择了滨江。值得一提的是,在一个已经成熟的市场,要站稳脚跟拥有一席之地,难度非常大,这边的发展潜力相比北京更大。既然我要创业,为什么不去一个发展潜力更大的地方?而且滨江的地理位置很好,去南边北边都非常便利。

杭商全媒体记者:滨江区政府会给您的生活带来哪些便捷?

月关:首先,上有天堂下有苏杭,这里的自然环境无可挑剔。而且在与滨江区政府接触的过程中,他们向我做了详细的介绍,包括未来的一些规划,我觉得这里的文化氛围非常浓郁,不仅有我们这些最上游的内容输出作者,还包括影视、动漫产业,且整个产业链非常完整。这些组合在一起,我们能将蛋糕越做越大。而且政府在作家村给了我们一栋办公的房子,有大力度的房租减免,一段时间内我可以在这里住下,打理公司。长远时光里,我可以在这里交社保,真正扎根在这里。

杭商全媒体记者:作家村形成之后,会产生共鸣的东西,互相借力,您怎么觉得?

月关:对,就像我们都说好莱坞的影视产业是工业化的,我觉得我们这个作家村也是整个文娱产业工业化的一个基础,有了硬件条件,创作人员集中沟通交流,会反推文娱产业的进步。将来我们会有中国特色的文娱产业体系。中国最大的问题主要是融合,这是超速发展过程中的必然经过,融合之后我们会以飞跃的速度发展。

杭商全媒体记者:滨江有阿里巴巴影业,之后会一起合作吗?

月关:我跟阿里现在就有合作,是一个京杭大运河的项目。北京到杭州,一北一南,我们跟阿里正在做这个项目,今天刚把大纲和人物小传发过去。以后只要有机会,也自然会有合作。

管平潮：
写好白马湖故事

◎ **管平潮速写**

管平潮，本名张凤翔，原籍江苏南通，现居杭州。仙侠类网文代表作家，代表作《血歌行》《仙剑奇侠传》《燃魂传》《仙路烟尘》《九州牧云录》等。浙江省网络作家协会副主席，杭州市作家协会理事，杭州市知联会常务理事，团中央新青年群体梦想导师。作品《血歌行》入选广电总局2016年18部"优秀网络文学原创作品推介榜"、中国作家协会"2016年中国网络小说排行榜"年榜等多项榜单。

记者 徐青青摄

访谈 | INTERVIEW

管平潮代表作有《血歌行》《仙剑奇侠传》《燃魂传》《仙路烟尘》《九州牧云录》等。

神仙居206号，背山面水的大 house，这里是管平潮在孔家里的"家"。

管平潮这个名字，可能一冲耳你不熟，但说到《仙剑奇侠传》，从70后到90后，都会拼命点头吧。作为《仙剑》官方小说作者，管平潮三个字往往和"情怀"等挂上钩。在网文读者心里，他是"大神"：他的《仙路烟尘》被千万粉丝奉为古典仙侠的开山之作，"八方风雨，温柔与悲壮"则是武侠小说泰斗温瑞安给他的评语。

在2017年9月辞职之前，管平潮的另一个身份是网易文学的员工。从2011年跟着网易到杭州，管平潮早已是不折不扣的新杭州人，如今，作为本土网络作家，也是第一个入驻神仙居的"大神"，管平潮有不同的体验要与读者分享。

杭商全媒体记者： 您的创作灵感来自哪里？

管平潮： 现在平均每天写5000字，灵感来自各方面的积累。小说当然是第一手的，还有电影、电视剧、游戏。因为我们写仙侠的没办法去采风，不能御剑飞行，但是玩玩游戏，可以体验一下。旅行也可以给我灵感，我刚去完日本、澳大利亚二十多天，引发很多灵感，看看大山大海，对自己也会有启发。

杭商全媒体记者： 您在杭州生活了多久？

管平潮： 2008年从日本留学回国后我就去了网易，2011年跟着网易一起到了滨江。

杭商全媒体记者： 您在网易做的是哪一方面的工作？

管平潮： 原来在网易做过网游主策划，之后在杭州研究院，最后从事的是和原创网络文学相关的网络平台——网易文学。2017年9月刚刚辞职，因为网络作家村要开村了。

杭商全媒体记者： 作为新杭州人，您会尝试写作滨江题材吗？

管平潮： 我会通过适合我自己的方式做结合。未来可以确定的是，我会把白马湖、钱塘江写进作品中，并成为重要场景。作品流行之后，拍成影视剧，那么里面的元素也会推广给更多人，扩大影响。

杭商全媒体记者： 您对滨江的文创产业有什么感受？有没有感受到变化？

管平潮： 变化很多。比如白马湖动漫区块，本来就很好的，近几年越来越突出了，包括国际性的动漫节、文博会，其配套都起来了。我希望将来可以在网络文学版权交易方面有更大的动作。

杭商全媒体记者： 作为新杭州人，网络作家，怎么看待中国网络作家村？

管平潮： 我很感动，也很感恩，滨江区在外人的印象中是一个高新区，但是就杭州而言，它有文化的基因，滨江能在硬实力之余，提升软实力，我觉得是一件非常好的事情。

从文创角度来说，滨江已经基本上形成全产业链，特别是在动漫游戏方面，但是作为内容源头，故事的中枢、驱动力的流行文学，滨江之前没有官方的动作。现在做了网络作家村，我认为可以补齐这一方面。

杭商全媒体记者： 您是第一个签约入驻神仙居的网络作家，您对入驻之后有怎样的期待？

管平潮： 希望有跨界、全产业融合，在汇聚行业内顶级的网络作家后，碰撞出精彩的合作火花。因为1+1大于2，一个人的品牌可能没有那么大的影响力。现在入驻的这些大神，大家一起合作IP的话，能力一定巨大。

杭商全媒体记者： 您目前在创作什么作品？

管平潮： 之前刚刚发布了一部作品，《燃魂传》，且已经筹备拍摄了。导演是《仙剑奇侠传》的导演，也是《楚乔传》的导演。

责任编辑/沈丽萍

"亲""清"新型政商关系应当体现"三化"

□ 谢梅英/文

政商关系古已有之，中国历史上的政商关系，因为个人色彩浓，易暗箱操作，往往滋生腐败，危害社会福祉和公平正义。建设中国特色社会主义，就必须坚持解放和发展社会生产力，坚持社会主义市场经济改革方向，推动国家治理朝着法治化方向发展。十八大以来，以习近平总书记为核心的新一代领导集体强力反腐，十八届三中全会、四中全会分别提出要发挥市场在资源配置中的决定性作用和全面依法治国、建设法治政府，习总书记在2016年3月全国"两会"上明确提出构建"亲""清"新型政商关系，更是为新时代新型政商关系指明了明确方向。

可以说，构建"亲""清"新型政商关系是推进经济市场化改革和国家治理法治化的一个重要突破口。那么，如何构建既真诚亲切又清白纯洁的新型政商关系，并营造守法诚信、风清气正、交往有道、和谐高效的良好政商环境呢？笔者认为，具体来说，就是要推进政商交往体现"三化"，即组织化、制度化、具体化。

1 政商交往要实现组织化

组织化就是要淡化个人色彩，变非正式的、松散人际关系基础上的沟通为集体的、正式的、有固定渠道的沟通。这也是许多成熟市场经济国家政商交往的模式，比如新加坡，政商关系是政府和企业界关系，是两个群体之间的关系，企业需要面对的是政府，而不是具体的政府官员，也就是说政商关系的博弈不受制于个人纽带，更多的是制度性的（Institutional）合法博弈，由法律允许、规范的公开组织来进行，而不是个人利益的私下交换。为此，作为联系政府和企业的桥梁纽带，我国各地各级工商联和各类行业商（协）会组织更应当充分发挥作用：认真搜集企业诉求，与政府部门进行沟通协商。2017年9月底，杭州市出台了《关于构建新型政商关系的实施意见》以下简称《实施意见》。这份《实施意见》就是由市委统战部和市工商联牵头起草的，是全国范围内不多的以统战部、工商联为起草单位的城市。文件提出："要进一步突出统战部、工商联和行业商（协）会在政商关系中的纽带作用。通过工商联、行业商（协）会积极搭建非公有制企业与党委、政府、司法部门的制度化沟通协商平台，出台重大经济政策前通过统战部、工商联充分征求非公有制企业和非公有制经济人士意见。"再如《实施意见》提出建立民营经济发展联席会议制度、。"政企对话会"等。这种组织化的沟通有三大好处：一是阳光透明、方便监督，符合法治精神，比起单个企业直接与某位政府要员进行私下交往，能有效避免权力寻租和腐败滋生；二是可以照顾到更多中小企业的利益，让以往缺乏政府资源的中小企业的诉求能及时得到反映，帮助中小企业把握宏观经济政策，获取市场信息，提高竞争力，从而避免了因为关系亲疏在政府资源上的不公平竞争；三是能真正提高企业在政商交往中的地位。在传统的政商交往中，主动权大多数情况下都掌握在"政"的一边,政要疏,商欲"亲"而不得,政不清,商也只能"配合"。但是通过工商联和行业商(协)会组织的集体力量,企业的话语权、主动权甚至主导权都将得到提高,在政商交往中能够成为具有自主性的平等主体,通过平等沟通协商实现政府、市场的良性互动和共赢。

政商交往要做到制度化

要将政商关系由从前流动的、不可持续的和不可长效化的状态变为相对固定的、可预期的和可延续的关系。传统的政商关系。以具体的政商个人为纽带,这种个性化的关系往往难以为继。不稳固的政商关系严重影响企业的投资与经营预期,无法创造稳定健康的营商环境,也不利于企业家精神的培育和企业家群体的成长。新型政商关系必须实现制度化:首先是要将清白的政商交往制度化,划出政商交往的底线,严肃党纪国法,严肃规矩纪律,让政商双方都有法可依、有度可量。同时要提高违法违规成本,对了收受贿赂、滥用公权的官员和行贿的商人,要严肃处理,将强力反腐常态化。杭州市《关于构建新型政商关系的实施意见》以法律法规、党纪政纪为准绳,明明白白地列出了政商交往的"负面清单"。其次是要将正常的、必要的政商交往制度化,通过建立制度、平台、机制等促进政商多沟通、多交流。如建立各级党政领导干部联系重点企业的制度,把为企业办实事、做好事放到台面上、阳光下去做,让党政干部堂堂正正与企业家接触,并为企业办事。最后是将权力运行制度化。让政府各部门及其工作人员在权力清单的制度框架下履职,真正做到法无授权不可为、法定职责必须为,同时也让企业家吃上定心丸,在《宪法》《物权法》等法律给民营企业和私有财产提供的强有力保障之外,明确公权力边界并有效防止滥用,在现实环境中给企业家实现双重保险。如此制度化安排从客观上让企业无需去寻找保护伞,也就从源头上杜绝了不健康政商关系的产生。

政商交往规则要具体化

新型政商关系是本着转变政府职能、更好为企业服务的宗旨提出的,作为市场的守夜人——政府要把工作重点放在依法监管、提供服务、营造环境上。因此,在政商交往规则中,要少一些禁止、不准等否定性的禁令,多一些指导、鼓励、激励等正面的、具有可操作性的具体措施,要在"清"的基础上做好"亲"字文章。具体化也就是把对企业家的爱护和对企业市场主体地位的指导、尊重、鼓励转化成可落地、可落实的措施。从目前已经出台构建新型政商关系意见或暂行办法的省市来看,杭州市《关于构建新型政商关系的实施意见》更值得称道。该意见谋划新型政商关系,在强调"清"字要求同时,不忘落实"亲"字举措。从优化涉企服务,倡导公职人员与非公有制经济人士正常接触交往的角度出发,在最大限度激发企业家精神,最大限度爱护企业家资源,最大限度重视企业家作用上花了不少笔墨,例如在列出"负面清单"的同时,也列出了政商交往中"正面倡导"的七项行为清单,让政商关系真正落实落地"亲"起来。如规定公职人员上门服务企业或开展调研,可按员工就餐标准在企业食堂安排工作餐等。再如新闻媒体要讲好"杭商故事"、宣扬"最美创业人物",树立杭州市优秀中国特色社会主义事业建设者典型,定期召开杭州市民营经济大会等。还有,《实施意见》进一步拓展了非公有制经济人士参政议政的广度和深度,提出开展"民企评议党政部门"并列入年度市直各部门满意单位创建考核系统,使民营企业家实实在在地参与部门考评,并通过考核评议进一步推动部门转变作风、改善服务。

(作者是杭州职业技术学院教师,法学硕士。)

杭州田野提花织造有限公司

地址：杭州市萧山区义桥镇田丰村工业园　邮编：311256　电话：0571-82212608　传真：0571-82212766
Http：//www.tianyemade.com　E-mail：arleen@tianyemade.com

正本清源

为好床垫　提供好面料

fresh, natural and beautiful
fabric manufacture

TIANYE JACQUARD

田野提花

杭州潮洪建材有限公司

地址：杭州市萧山区钱江农场钱农东路种猪场北侧
邮编：311231　电话：0571-83723118　83723112　传真：0571-83723113

公司创建于2007年，拥有预拌混凝土专业三级资质，引进中外合资HZS180型新搅拌生产线2套，生产过程通过电脑全自动控制，年生产能力80万立方米。配置37米汽车泵2台、47米汽车泵2台、固定泵3台、搅拌车30辆、铲车3台，具有较强的供货和运输能力。砼运输车管理采用GPS卫星定位系统，可以有效、合理地对生产过程中车辆进行动态调配、控制，以保证施工现场最大化的高效运作和资源的合理、高效使用。

公司生产的混凝土广泛应用于各类工程，其中杭州中水博度假酒店项目中，屋面连续梁跨度达30米，创浙江省现浇混凝土预应力连续梁第一。

资讯
HANGZHOU INFORMATION

■第二届杭商国际化创新论坛暨杭商颁奖典礼现场

探讨国际化创新 共享城市美好
第二届杭商国际化创新论坛暨杭商颁奖典礼举行

□杭商全媒体记者 李洁 邹芸 姚兰/文
徐青青 李靖/摄

1月26日，第二届杭商国际化创新论坛暨2017年度十大风云杭商、十大新锐杭商颁奖典礼，在杭州电视台演播厅隆重举行。党政领导、专家学者与300余位企业家齐聚一堂，探讨国际化创新，共享城市生活美好。

第二届杭商国际化创新论坛由杭州市发展研究中心、杭州市经济和信息化委员会、杭州市商务委员会、杭州市旅游委员会、杭州市人民政府国有资产监督管理委员会、杭州市人民政府金融工作办公室、杭州市工商业联合会、杭州市总商会、杭州市投资促进局、杭州文广集团联合主办，杭州电视台生活频道、杭商杂志社承办，胜达集团协办。市政协副主席、工商联主席冯仁强，市委副秘书长、市发展研究中心胡征宇，文广集团党委副书记、总编辑郑桂岚，市经信委副主任蔡德全，市商务委副主任朱铮，市旅委副书记、副主任孙喆，市金融办副主任胡晓翔，市国资委副书记许宏球，市投促局副局长杨福颂，中国创业投资专业委员会联席会长、浙商创投董事长陈越孟，全国律师协会宪法与人权委员会副主任、京衡律师集团董事长陈有西等领导及嘉宾出席论坛。

中国旅游协会副会长、开元旅业集团创始人陈妙林，教育部长江学者特聘教授、原浙江大学管理学院院长吴晓波，浙江省环保产业协会会长、兴源环境董事长周立武，中国药促会副会长、贝达药业董事长丁列明，中国民营企业国际合作发展促进会副会长、科发资本董事长陈晓锋，中国教育学会高中教育专业委员会理事会副理事长、海亮教育集团总裁叶翠微及泛嘉国际董事长杨隐峰、杭州崇文实验学校校长俞国娣就"让城市生活更美好"这一主题，分别作了演讲。

陈妙林说，2017年，他一直跑在人生的马拉松之路上。一年的时间里，开元集团新开了32家酒店，他本人也完成了18个马拉松及铁人三项。6月，在澳大利亚凯恩斯的超级铁人三项赛中，他更是取得了世界第七，亚洲第一名的好成绩。对于陈妙林来说，这一年的人生里程碑，是在他65岁生日那天，正式卸任了开元集团的董事长。"我的脚步慢下来了，但开元的脚步在不断

资讯
HANGZHOU INFORMATION

■ 中国旅游协会副会长、开元旅业集团创始人陈妙林

■ 教育部长江学者特聘教授、原浙江大学管理学院院长吴晓波

■ 浙江省环保产业协会会长、兴源环境董事长周立武

■ 中国药促会副会长、贝达药业董事长丁列明

■ 中国民营企业国际合作发展促进会副会长、科发资本董事长陈晓锋

地前进。"陈妙林说，为了能让开元集团在发展之路上跑得更快更好，他甘愿做一块垫脚石，让更多的年轻人沿着他走过的路，努力去完成对美好生活的向往。

吴晓波的分享围绕创新展开，他以汽车产业为例，阐述了中国制造近年来的发展。他说，2002年他在企业做战略顾问，当时我国的汽车产业与世界脱轨。2013年日本专家参观我国汽车企业时，惊叹于十年间汽车产业在中国的巨大进步。他表示："中国人的创新能力不亚于世界上任何一个国家，我们要创建适应中国自身情况的管理理念，让中国制造从质量上、理论上、精神上，站到世界的舞台。"

中国旅游协会副会长、开元旅业集团创始人陈妙林，教育部长江学者特聘教授、原浙江大学管理学院院长吴晓波，浙江省环保产业协会会长、兴源环境董事长周立武，中国药促会副会长、贝达药业董事长丁列明，中国民营企业国际合作发展促进会副会长、科发资本董事长陈晓锋，中国教育学会高中教育专业委员会理事会副理事长、海亮教育集团总裁叶翠微及泛嘉国际董事长杨隐峰、杭州崇文实验学校校长俞国娣就"让城市生活更美好"这一主题，分别作了演讲。

周立武表示，做环保这么多年，走过全国山山水水，看到被污染的环境，真的很心痛。2017年，周立武率领兴源环境解决了诸多的环境污染问题。2018年，兴源将把工作的重点放在土壤修复上，他希望能够通过兴源的卓越技术，让土壤更健康，并种出更多的有机蔬菜，让世界更美好。他更在分享会上号召大家："每天都用脚去丈量脚下的道路，尽可能减少对环境的污染，一起努力做一个环保人。"

从科学家到企业家，丁列明说自己是边学边干，边干边学。"我每天都对我的员工说，没有现成答案，没有标准答案。坎坷天天有，只要调整好心态，坚持下去，总会靠近成功。"2017年，贝达药业利用资本优势，收购了四家创新药研制公司，有两个创新药已经进入了三期临床。"做企业，我给自己打75分。"面对傲人的成绩，丁列明很是谦虚。他说，他希望未来贝达能够研制出更多的创新药，让癌症患者也能拥有美好生活。

陈晓锋讲述了人工智能带来的美好生活。他认为，"解决人民美好生活需要的关键在于科技创新"。人工智能已经融入到我们的生活中，对各行各业都提供了很大帮助。目前，人工智能还处在初级阶段，未来的人工智能将带领我们走出更广阔的前景。首先，交通作为现代生活的重要组成部分，已经成为人工智能技术最先涉及的应

■ 中国教育学会高中教育专业委员会理事会副理事长、海亮教育集团总裁叶翠微

■泛嘉国际董事长杨隐峰

■杭州崇文实验学校校长俞国娣

资讯
HANGZHOU INFORMATION

用领域之一。其次是家庭服务机器人，这是一个非常巨大的市场。此外，人工智能还会在医疗、教育、公共安全等方面广泛应用。

叶翠微强调，这个时代需要好的教育。他说："我们要争取教育的机制创新，中国的公办教育好比高铁的一条轨道，需要公平，但这还远远不够，民办教育可以提供更有质量的教育。"他期待为孩子提供个性化的教育方式，将孩子从"统一"变为"唯一"，让孩子们保留个性化发展。他期待老师队伍能够得到社会的重视，得到社会的正能量。他认为，教育不仅要关注当下，还要展望未来。

作为新生代创业者，杨隐峰说创业路上，少有鲜花与聚光灯，更多的是孤独、焦虑与压力。他在演讲中分享了创业中的一个小故事：当时，他的流动资金仅有20余万元，第二天，他就要给一起创业的小伙伴发出80余万元的工资。"从我2009年创业起，我从没有拖欠过小伙伴一天的工资，那一晚我真的不知道第二天该如何面对他们。"好在事后化险为夷，工资顺利发出。"我想说，创业一定累，一定苦，但也一定值得。"

俞国娣分享了学习让生活更美好的体验。2017年，她在新加坡南洋理工大学学习的经历让

2017年度十大风云杭商成就奖、2017年度十大风云杭商创新奖、2017年度十大新锐杭商奖颁奖典礼现场。

她受益良多。她希望的学习环境是，家长有独立的思考，不从众，孩子们做独特的自己。她还体会到规则意识的重要性，如果每个人提高自己的规则意识，在生活中将会避免很多不必要的麻烦，生活也会更美好。

接下来是2017年度杭州市十大新锐杭商、十大风云杭商颁奖典礼。评比活动历时半年，通过主办单位推荐、网络投票、专家评议，从59位候选人中产生了2017年度十大风云杭商成就奖、2017年度十大风云杭商创新奖、2017年度十大新锐杭商奖。评选得到了杭州市及市有关部门领导、专家学者及市民的关心支持。特别是在网络投票阶段，有近50万网民通过网络为自己心仪的企业家投下了宝贵的一票。

贝达药业董事长丁列明、兴源环境董事长周立武、科发资本董事长陈晓锋、黑金杰尼董事局主席马仁德、开元旅业集团董事长陈灿荣、西湖电子集团董事长章国经、杭州汽轮动力集团总经理严建华、柳桥集团董事长傅妙奎、浙江水欣控股集团董事长蒋文龙、中国招商引资在线总裁俞海涛荣获2017年度十大风云杭商成就奖。

建宏商品混凝土董事长蔡才勤、舜达伟业董事长桑张耿、特美刻董事长徐荣培、徽商投资董事长杨士成、明视康眼科医院院长郑历、知味观

味庄餐饮总经理董顺翔、世贸君澜酒店集团总裁王建平、俞同春掌门人章云樵、东方文化园旅业集团董事长徐关兴、铭阳股份董事长余建国荣获2017年度十大风云杭商创新奖；港流股份董事长张朝设、蕾蕾美颜董事长汪娅平、斑马仓CEO林子翔、和瑞实业总经理张佳、蓝蝴蝶形象设计学校创始人蓝兰、欣月贝贝月子养生会所总经理范伟祥、泛嘉国际董事长杨隐峰、星博体院院长宫瑞成、金投资产总经理施越强、葆元家庭农场总经理胡伟宏荣膺2017年度十大新锐杭商。

论坛期间，还举行了电视对话类栏目《杭州湾会客厅》启动仪式。杭州湾大湾区建设将从空间格局上，依托沿海跨湾陆海多条重大交通通道，形成"一核三引擎四廊带十平台"大湾区空间形态格局。今后，环杭州湾大湾区的概念将成为全国乃至全球财经、金融界的热点。为了紧紧抓住这一历史性机遇，更好地为杭州的经济和文化建设服务，杭州市工商联、杭州电视台、《杭商》杂志社决定联合推出高品质对话类电视栏目《杭州湾会客厅》，每年拍摄制作12期，每期邀请3～5位国内知名企业家，及财经、金融、教育、文化等领域的专家，就某一热点话题，展开讨论。节目时长30分钟，由杭州电视台知名主持人杨苡主持，将在知名网络视频直播平台直播，并在杭州电视台生活频道黄金时段播出实况录像。

杭州市工商联、杭州电视台、《杭商》杂志社联合推出高品质对话类电视栏目《杭州湾会客厅》。

杭州市政协副主席冯仁强、杭州文广集团总编辑郑桂岚、开元旅业集团创始人陈妙林、杭商杂志社社长马晓才、杭州生活频道副总监王宁，在三百多位企业家及社会各界人士见证下，上台启动。

资讯
HANGZHOU INFORMATION

刘胜军强调，新时代的杭商国际化创新关键在于四点：一是制造业升级仍是主要任务；二是杭商需站立第四次产业革命潮头；三是支持"一带一路"，借力"一带一路"；四是与资本协同合作。

杭州市政协副主席冯仁强、杭州文广集团总编辑郑桂岚、开元旅业集团创始人陈妙林、杭商杂志社社长马晓才、杭州生活频道副总监王宁，在三百多位企业家及社会各界人士见证下，上台启动。

接下来，中国金融改革研究院院长刘胜军作了题为《国际化创新的经济逻辑》的主旨演讲。

刘胜军博士指出，在中国海外投资风起云涌的态势下，2017年是低调的一年。这一年，中国对外投资回归理性，我国境内投资者对外投资有所下降，但"一带一路"开辟了新的空间。

刘胜军博士表示，国际化的六大经济逻辑包括，国家资源瓶颈即中国的能源/资源依赖；企业转型即中国企业走向"微笑曲线"高端；全球市场即以华为为首的中国企业正在布局全球，成为世界领导者；中国市场即以中国市场换取发达国家品牌技术；输出中国经验即中国相对于发展中国家的能力比较优势；输出中国能力即阿里巴巴、滴滴等中国的新王者已然在国际市场上输出中国能力，通过入股、收购海外企业，成功打入海外市场。

刘胜军强调，新时代的杭商国际化创新关键在于四点：一是制造业升级仍是主要任务；二是杭商需站立第四次产业革命潮头；三是支持"一带一路"借力"一带一路"；四是与资本协同合作。21世纪是资本的世纪，金融的世纪，杭商需以金融的杠杆提升制造业，使其更好更快发展并迈入新的台阶。

最后，刘胜军总结到，我国国际化日益从单向走向双向，技术无国界而第四次产业革命提供了国际化的新机遇，以及"一带一路"的第二阶段将从国家驱动转向企业驱动。刘胜军期盼，在国际化的道路上，杭商要从单向的学习者转向为双向的互动者，并能抓住第四次产业革命的契机，通过"一带一路"发现新的商机，走好国际化创新的道路。

责任编辑/沈丽萍

■第二届杭商国际化创新论坛嘉宾合影

大湾区 新视野 新格局
杭商传媒携手TC GROUP、中财会杭商海外财富管理中心成立

□杭商全媒体记者 马三三/文 徐青青 李 靖/摄

2017年12月17日下午，由杭商传媒、TC GROUP、中国财产规划与管理研究会联合发起的杭商海外财富管理中心，在杭州国际博览中心举行成立仪式。

中国财税法学研究会副会长、《中国税务报》总编辑刘佐，浙江省委政研室（浙江省人民政府发展研究中心）原正厅级副主任、浙商发展研究院副院长郭占恒，中国财产规划与管理研究会会长张晓冬，《杭商》杂志社社长兼总编辑、杭商传媒董事长马晓才，北京大学财税法研究中心主任翟继光、TC GROUP创始合伙人、中国华东区总经理滕吉萍，杭商杂志社社长助理、杭商海外财富管理中心主任荣婧惜等领导和嘉宾为中心揭牌。来自中国银行、工商银行、农业银行、建设银行、交通银行、浙商银行等金融单位的高管，以及来自物产集团、中大集团、海亮集团、广厦集团、杉杉集团、盾安集团、东冠集团、信雅达股份、钱江电气集团等海内外200余家企业的企业家或代表，共同见证了这一时刻。

杭商海外财富管理中心发起单位之一TC GROUP，是由来自不同国家的多位合伙人组成的跨境法律、商务和财税服务专业机构。总部设在中国香港，业务涵盖跨境法律、商务、财产、健康和家族办公室五大领域。在过去的近二十年中，TC GROUP秉承专业、高效和信用原则，在世界各主要国家为客户提供投资、贸易和服务相关的一揽子专业服务，包括但不限于跨国并购的法律和财务规划、顾问及实施；家族办公室创立和管理、财产规划及私益基金会创立和管理、信托创立和管理、战略规划和风险控制方案、尽职调查、财务规划；家族及高净值人士健康管理包括保险安排、留学和教育国家选择及申请和安排；定制旅行；涉及投资、贸易和服务的法律、财务、金融和商务单项服务和解决方案，商业征信调查和全面尽职调查服务，业务领域涉及160多个国家和地区。

杭商海外财富管理中心发起单位之一杭商传媒，下设全媒体中心、国内创业投资中心、海外财富管理中心及健康管理中心等机构，拥有《杭商》杂志等公开出版发行的期刊多种，主办或承办有《今日浙商》等财经类电视栏目多个，是一年一度的杭商国际化创新论坛承办单位之一。是杭商培育品牌、记录成就、展示成果、沟通信息、交流经验、整合资源的重要阵地。

杭商海外财富管理中心发起单位之一中国财产规划与管理研究会，是在香港依照《社团条例》成立的研究财产规划和管理相关法律的非营利学术团体，法定地址在香港。会员为世界各地在法律、银行、信托、会计和跨国投资等行业执业人士、机构、学者和学术团体，为中国借鉴外国财产规划与管理理论和实践，为促进中国财产规划与管理领域的研究和发展提供专业平台。

杭州正在启动大湾区建设，杭商海外财富管理中心的成立，对于杭州企业家推进创新驱动，实现转型升级，打破区域局限，与世界经济接轨，具有积极的意义。

成立仪式结束后，由杭州市发展研究中心、

■杭商海外财富管理中心成立揭牌仪式

■大会现场

中国税务报社、北京大学财税法研究中心指导，TC GROUP、杭商传媒、中国财产规划与管理研究会联合主办的第五届西湖财富论坛暨国际经济新秩序暨中国国际税收政策解析及纳税人信息交换正式开幕。

国家税务总局税收科学研究所原所长、《中国税务报》总编辑刘佐和大家分享了中国税制改革的最新动态。

北京大学财税法研究中心、民营企业财税研究中心主任翟继光和大家分享了非居民金融账户涉税信息调查（CRS）对高净值人士提出的挑战及其应对。

中国财产规划与管理研究会会长张晓冬和大家分享了全球税务信息透明化与财产安全配置。

TC GROUP创始合伙人、中国华东区总经理滕吉萍和大家分享了新形势下如何有效进行跨境财产规划。

责任编辑/楼燕红

ISO9001:2000质量体系认证和欧盟CE认证。

专业生产水刺布、针刺布。

深加工抹布、柔巾卷、一次性湿巾及手术衣、手术包。

远销澳大利亚、日本、美国、德国、韩国。

Tel:0571-82181133

NANFENG

杭州港宇卫生用品有限公司

WWW.HZNANFENG.COM

◎地址：杭州市萧山区义蓬工业园区 ◎邮编：310000 ◎电话：0571-82181133
◎传真：0571-82181133 ◎E-mail：export@naster.cn

JIA-HANG.COM

公司专业研制开发、生产航空煤油精过滤器及滤芯，是浙江省高新技术产品企业。

公司具有国内一流的仪器和设备，可以开发和生产各种规格和型号的过滤器及滤芯。A、B、C级航空煤油精过滤器及滤芯技术性能和质量指标经专家鉴定达到API1581第三版的要求，经解放军油料及油料装备检测试验中心检测，各项技术指标均达到国内同类产品的先进水平。产品2002年5月获批国家专利，同年8月通过部级鉴定，同时通过ISO9001:2000标准的国际质量体系认证，产品注册"佳航"牌商标。

"佳航"牌航空煤油精过滤器及各种型号规格的滤芯已经在石化企业、中国民航各油料公司，陆、海、空三军机场油库广泛使用，受到用户青睐。定型产品预（微）过滤器除了满足上述用户外，将更广泛用于各类油品、化工溶剂、液体、气体、自控元件、精细仪表等场所作为滤除颗粒污染物的最佳装置。

TEL:0571-8245-2598

◆地址：杭州市萧山区进化镇工业园区　◆邮编：311257
◆电话：0571-82452598　82452578　◆传真：0571-82452588　◆E-mail：web@jia-hang.com

杭州佳航过滤器有限公司

LDEA

健康家装用金迪木门

E0级环保

高端·健康·品质
WWW.JINDI.COM/400-0000-178

中国木门最千招商政策，敬请期待！

史记 HISTORY

闯关东：
一部近代中国人的生存史诗

□ 张利民/文

"闯关东"是中国近代向东北移民的略称，出现在清代，20世纪后形成了移民高潮，其数量之多，规模之大，被当时人们认为"可以算得是人类有史以来最大的人口移动之一"。

◐ 闯关东的由来及其规模

清代以前，包括辽宁、吉林、黑龙江和内蒙古东部的东北地区，人烟稀少，大部分土地处于荒野未开、崇山未辟的状态。清军入关在北京建立了清王朝，关外的满族人大多随军入关，据估计明末清初满族人口约100万，迁入关内的达90万之多，编入汉军旗的汉人和大批奴婢也随之入关。即便在原来人口较多的辽东此时也是沃野千里，有土无人。为此，顺治元年（1644）清廷要求各地官署劝农开垦，"荒地无主者，分给流民及官兵屯种，有主者令原主开垦""招徕流民，不论原籍别籍，编入保甲，开垦无主荒田""永准为业"。顺治八年（1651）清廷谕令，"民人愿出关垦地者"，山海关造册报部，"分地居住"。顺治十年（1653）颁布了《辽东招民开垦例》，鼓励关内民众到东北，垦荒种地。对于招民的头目，"招民开垦至百名者，文授知县武授守备"，百名以下者也授予相应官职；对招徕的移民按月给口粮、种籽和牲畜。与此同时，设置了管理人民的地方政治机构。于是，迅速形成颇具规模的移民潮。如在海城，顺治年间"招民开垦，直鲁豫晋之人，来日日众"。但事隔不久，清廷以东北为"龙兴之地"，担心关内汉人的大量迁入会损害旗人利益，破坏满族的习俗和秩序，康熙七年（1668）废止了招垦令，推行封禁政策，以后的措施越来越严厉，从局部封禁到全部封禁，从验关封海到驱逐流民。尽管禁令日见严厉，却不能完全禁阻关内民众进入东北。迫于日趋沉重的生活压力和连年不断的自然灾荒，越来越多的山东和直隶省农民或泛海偷渡到辽东，或私越长城走辽西，涌向仍在沉睡的东北沃野。《荣城县志》载，"地瘠民贫，百倍勤苦，所获不及下农，拙于营生，岁歉则轻去其乡，奔走京师辽东塞北"。仅康熙末年，山东到关外垦地者已多至十数万人；据统计，到乾隆四十一年（1776），大约有180万关内移民（包括后裔）来到辽河及吉林、黑龙江一带谋生。这些移民都是在清廷实行封禁政策的条件下进行的，故称之为"闯关东"，以后一直被世人所沿用。

近代以后，在政府的支持和鼓励下，向东北移民的规模愈来愈大。不断扩张的沙俄轻易地攫取了东北大片领土，促使清廷改封禁为驰禁，移民实边放垦。咸丰十年（1860）清政府首先开放了哈尔滨以北的呼兰河平原，翌年又开放了吉林西北平原。最初政府开放的禁地范围有限，但是禁令一开，放垦一事如脱缰之马，关内成千上万的农民蜂拥而至，不论是开禁之地，还是封禁之区都涌入大批的移民，规模愈来愈大。20世纪初，清政府决定开放蒙地，还设立押荒局、垦务总局，督导开垦事务；各地也先后设立了垦务局、办务局和垦务公司等招徕华北农民。光绪三十四年（1908），黑龙江巡抚奏准《沿边招垦章程》后，分别在汉口、上海、天津、烟台、长春等地设立边垦招待处，对应招者减免车船费，不增押租。对招垦有力人员进行奖励，即能够招徕十人以上者，到达开垦地后为百户长，能招徕百人的为屯长，能招徕三百人的以土地四方照半价卖给。其他各省也纷纷效尤，为移民潮推波助澜。宣统二年（1910），政府正式废除了乾隆以来汉人出关垦植的禁令，第二年又制定了东三省移民实边章程，并相应地在招民垦荒的地区设置了一些新的府县，使移民逐年增加。山东半岛每年乘船到东北者"合计共达三十五六万人之谱"。20世纪20年代至30年代初，华北等地的政治经济状况不断恶化，越来越多的破产农民和灾民、难民不得不到东北去逃荒、避难。据统计，1921年关内向东北移民仅为20.9万人，1926年增为56.7万人，以后移民数量猛增，1927年达到105万人、1928年为108.9万人、1929年为104.6万人、1930年为67.3万人。即从1921年至1930年的10年间共有近618万余人到东北谋生。另据南开大学在东三省调查千余户农业移民表明，有10%的移民是清末前来的，民国时期的20年间来的占90%，其中1925至1930年间来东北的移民占其50%以上。可见，这时是关内向东北移民的最高峰。

到东北的移民多是华北地区的农民，山东胶东地区的登州、莱州、青州和河北省保定、滦州等冀东地区、京津地区，既有便利的途径，又有"闯关东"的习俗，是移民的主要输送地区；后来，重灾区河南省依靠发展起来的铁路，也有相当数量的农民逃亡到东北。

在早期，山东的移民大都"泛海"在辽东的营口等地登陆，然后再向周围地区发展；直隶的移民则大都"闯关"从陆路到辽西。到了20世纪以后，海上交通的发展便利了渤海沿岸之间的运输，烟台和龙口等沿海港口几乎成为山东移民的输送地，每年有大量的移民出入。光绪初年，华北大旱，"山东避荒之人，至此地者纷至沓来，日难数计。前有一日，山东海舶进辽河者竟有37号之多，每船皆有难民二百余人，是一日之至牛庄者已有八千余名，其余之至他处马头者尚属日日源源不绝"。1928年和1929年烟台、青岛、龙口三港对东北地区的客运量分别为61万人次和64万人次。同时，近代铁路为华北农民赴东北提供了更为便利的交通工具，移民的规模逐年扩大。民国《胶澳志》记载，"每逢冬令，胶济铁路必为移民加开一二次列车。而烟潍一路，徒步负戴，结队成群，其熙熙攘攘之状，亦复不相上下。综计一往一来，恒在百万以上"。据胶济铁路调查，20世纪二三十年代"每日乘胶济车由青岛转赴东三省求生者，达三千余人"。在京奉线，天津铁路局出售可移民一家的移民票，1922年仅售出8340张，到1928年增至13224张，1930年达98201张。据海关统计，20～30年代初由天津经铁路去东北的总计在40万人以上。有的专家认为，20世纪30年代前，每年从冀鲁豫去东北的约有40万至50万人，最多的年份超过百万，其中循京汉、津浦、京奉等铁路前往的约占1/3。

到东北的移民大约分两种，其特点从季节性迁移逐渐变为永久性移民。季节性移民如同候鸟，初春从家乡出发，深冬即回乡过年或探亲，第二年过了正月十五再去。经过单身或乡亲结伙数次候鸟式往复后，有的在东北境遇改善了，有的在家乡实在无法维持生计，即携妻带子，到东北安家落户，变为长居的永久性移民。早期以季节性移民为多，到了20年代以后，随着东北自然经济环境的改善和华北环境的恶化，越来越多的华北农民定居东北。如20世纪二三十年代，山东等地，因"数年以政令之烦，军匪之扰，移出之数倍于往昔，且多货其田庐，携其带子，为久居不归之计"。根据1921年至1930年历年移民东三省的统计，10年内共移入618万余人，移出326万余人，留居者为291万余人，留成者近50%，且大多全家定居东北。

向东北移民的规模举世闻名。有的学者估计，从近代明令移民实边到清代末年，移入移民（含后裔）的人口达到1400万以上，年均近30万人；有的学者估计，1920年后的十年中，每年至少有32万人留居东北。另外，从东北总人口的增长速度也反映移民的规模。据统计，19世纪初东三省总人口不足200万人，1840年增至304.8万人，到50年后的1911年增加人数超过了1500万人，为1811.7万人；又过了20年的1930年，人口增长近一倍，达到3008.7万人。其中一部分是人口自然增长，绝大多数是人口的机械增长，即大批的移民所致。

20世纪30年代初，日本侵入东北，建立伪满洲国，实行法西斯殖民统治。日本制定了向东北大量移入日本人和朝鲜人的大陆殖民主义政策，公布了针对华北移民的《取缔外国劳动者规则》，并严加限制移民入关；民众们也不愿去东北做亡国奴，致使大批的移民回乡。如山东"自前年九一八事迹发生后，因受日阀之蹂躏摧残，多裹足不敢前往。即原在东省之商民，亦因不得宁处，相率扶老携幼转回故乡，是以日来由东北过青回籍之农民，异常众多。凡由大连进口之轮船，无一艘不告人满"。从此，"闯关东"的移民潮停滞。1937年七七事变后，出于扩大侵略战争的需要，殖民当局从山东等地诱骗和捕捉当地农民到东北的矿山等充当劳工，到1940年达到130余万人；1942年至1944年每年也有百万以上的华北劳工到东北。据统计，从1930年至1942年进入东北共有504万余人，离开的有327万余人，留在东北的有176万余人。但是，这是日本侵略者有组织、有计划的强掠的劳工，带有强烈的掠夺性、惩罚性，这些劳工或是当地的青壮年，或是战俘，在东北作劳工没有人身自由，有着浓厚的殖民色彩，被当时称为"与以前的流动农民的性质完全不同""简直与南洋的贩卖猪仔无疑""他们简直不是工资劳动者，而是纯粹的奴隶"。所以已经不是抗战前原来意义的移民。

闯关东的原因

向东北移民的原因，固然有上述中央和地方政府实行移民实边政策，积极招垦，以及东北自然经济所带来的引力。但是，更大的驱动力是华北自然经济环境不断恶化和社会动荡不安，把破产的农民、难民推到东北谋生。

其一，华北地区地少人多是向东北移民的前提。清代以后，山东、河南和直隶省人口猛增，人口密度远远高于全国平均数，甚至一度成为密度最高的省份。1840年、1898年和1936年全国每平方千米平均有43.63人、41.29人和48.88人，而山东省该三年分别为207.1人、246.24人、256.40人，其密度从在全国居第四位，上升到第一、二位；河南省该三年分别为147.80人、157.07人、192.52人，由居全国第七位上升到第四位；河北省该三年分别为97.39人、111.33人、139.35人，由居全国第十位上升到第八位。随之而至的是，人均占有土地的数量逐年减少。据统计，华北冀鲁豫咸丰元年(1851)人均耕地4.46亩，1912年前后下降至3.66亩，1928年以后又下降到2.93亩。耕地与人口的失调对华北农村压力极大，促使人们移民到人烟稀少、土壤肥沃的东北地区。

其二，连年不断的自然灾害是华北难民离乡背井去东北的直接原因。咸丰五年（1855）黄河改道，殃及鲁、豫、直省，山东省灾情在六分以上的村庄即达7161个，灾民逾700万人。从该年到1912年清朝覆灭的56年中，山东省仅因黄河决口成灾的竟有52年之多，共决口263次，成灾966县次。咸丰四年（1854）直隶省连续5年遭受蝗灾，京津、直隶东北部和南部最甚，飞蝗蔽野，田地达到了"春无麦，食五谷，茎俱尽"的程度。光绪元年（1876）后连续四年的华北特大旱灾，遍及东北五省，受灾难民达2000万人以上，饿殍就达1000万人以上。山东难民农村皆"扶老携幼，结队成群，相率逃荒于奉锦各属，以觅宗族亲友而就食"。光绪三年（1979）直隶旱灾，灾区甚广，"大率一村十家其经年不见谷食者，十室而五；流亡转徙者，十室而三"。1920年华北五省出现长时间大面积的严重旱荒，灾区面积约6781.25平方千米，受灾共340个县，灾民达3000万人左右，死亡50万人。1928年至1930年，华北、西北又遭受了旱、水、雹、虫、疫并发的巨灾，遍及甘、晋、绥、冀、鲁、察、热、豫等9省，饿殍遍野，万里赤地。面对持续不断的自然灾害，不甘困守待毙的灾民不得不远离家乡，四处逃亡，沿着前辈的脚步走西口和"闯关东"，一时间成为向东北移民的主流。

其三，军阀混战等战争频仍，严重地摧残了农村社会生产力，加深了农村自然经济破产的程度，迫使农民辗转流徙，移民东北。近代中国对外对内战争和兵灾匪祸频繁，第二次鸦片战争、八国联军侵华、太平天国北伐军、捻军、黑旗军，以及义和团等都曾横扫华北诸省，直接间接予当地农民以莫大损失。尤其1915年以后，直皖战争、两次直奉战争、国民革命军北伐等新旧军阀的混战年年不断，战祸波及华北各省。如山东"军队号称二十万，连年战争"，致使"作战区域（津浦线）十室九空，其苟全性命者，亦无法生活，纷纷抛弃田地家宅，而赴东三省求生"。1930年蒋介石同冯玉祥、阎锡山、李宗仁之间的新军阀大战，双方投入兵力100万以上，所耗战费2亿元，战区"闾里为墟，居民流散"，赤地千里。在兵祸践踏的同时，华北农村还时常受到土匪的骚扰。鲁西、冀南、豫东地区受害最烈。来自各军阀队伍中的散兵游勇，不仅人数动辄数千成万，还配备各式轻重武器，到处杀人放火，强取豪夺，勒索财物，所过之处，如同水洗，人财皆空。"全豫百零八县，欲寻一村未被匪祸者即不可得"。在山东，"为土匪者，不计其数"；其他地区的土匪也是多者近万，少者数千。在河北，"该省充当土匪者，有五百万之众""大小股之土匪，几可在河北的每一县中见到，甚至连天津、北平附近之村庄也有被土匪占去者"。"匪过如梳，兵过如篦"，兵匪交加，更使农民生路皆无，不得不远走他乡。

其四，沉重的赋税兵差逼迫贫困至极的农民另谋生路。政府的日益腐败和军阀混战，使华北农村的赋税逐年加重。有人统计，以1902年全国最好的稻田每亩不过4角为准，河南1928年的田赋增长了6.5倍，山东莱阳1927年增长了近5倍。各种附加税之多则更是骇人听闻。田赋税加税是历代统治者特别是地方政府增加财政收入的主要手段。在清代有耗羡、平余、漕耗公费等；到光绪中叶各省纷纷正式设立田赋附加税，随粮征收，或按亩摊派，来应付日益扩大的地方支出。不过，此时从种类和数量上看，为数尚微。民国以后，华北诸省将原来的杂款、附加及地方的各种陋规全并入正赋征收，实际上加重了农民的负担；不久政府又规定地方政府有征收田赋附加税之权，但不能超过正税的30%。于是，各地政府为了支付庞大的财政支出和筹集军阀的军费，从种类上和数量上都加重了附加税的征收，加之省、县，甚至当地驻军及区镇乡公所都层层加码，变本加厉，附加税逐年增多。各省附加税目增至数十种或上百种，有的县附加税率超过正税数倍乃至数十倍。1926年和1927年的附加税最重，河北和河南全省的附加税竟超过正税2倍有余，山东省1926年的附加税竟超过正税4倍之多。张宗昌统治山东时，还在田赋上附加了军事特别捐、军鞋捐、军械捐、建筑军营捐4种苛杂，合计在正税之上加收5.3元；从1928年3月又凭空增加了8种附加税，每正税1两要付14.56元苛杂税，大大超过了正税。据1934年7月调查，河北省有附加税种48种，河南省有42种，山西省有30种，山东省有11种。常年应征的差徭和额外摊派的兵差，尤其是用军事名义临时派征的以力役、实物、货币为主的兵差，给农民带来了巨大的灾难。清朝统治者围剿太平军和捻军时，在华北沿村勒派民夫车马，急如星火，兵差繁重，各省的差徭每年多者

■总之，近代"闯关东"为特色的移民潮，是当时社会经济环境造成的社会现象，其产生的原因和所起到的正负效应是多方面的、多层次的。

数百万两，少者百万两。民国后兵差沉重，令民众难以承受。军队过境时，广招粮饷车马，稍一迟疑，便鞭挞交加，甚至抓人杀人。1928年后兵差最为严重。山东107个县中有77个县有兵差，河南112个县中有92个县有兵差，河北、山西则县县有兵差。据统计，山东临沂等县1928年兵差额占地丁正税的274.41%；冀中8县1929年的兵差额数占正税的534.28%；河南商丘等县竟达正税的2339.83%。20世纪以后移民大增，最直接的原因应是华北地区战祸、赋税和兵差这些人为的因素。正如当时研究者所言，"冀鲁豫人民之赴关外者，其动机由于东省情形之利诱而去者少，由于原籍环境之压迫而去者多"。

另外，社会意识和习俗也起到了不可低估的作用。在山东等地"闯关东"由来已久，移民中向家乡寄钱者有之，带财物回乡过年者有之，也不乏发财致富成家立业者，这些刺激了更多的民众要到关外谋生赚钱。胶东有些村庄几乎村村、家家都有"闯关东"的，甚至村里青年人不去关东闯一闯就被乡人视为没出息，逐渐形成了"闯关东"的习俗。所以在华北特别是山东的胶东和河北的冀东，劳动力稍一充裕，或一遇天灾人祸，首先想到的是携家带子，或集结亲戚好友，蜂拥到关东去谋生。

▶ 闯关东的正负效应

如此规模的移民对移出地和移入地的社会经济必然有相应的正负效应。

对于东北移入地来说，正效应主要表现在开发土地、发展农业、创建近代工商业和城市近代化等方面。

其一，东北的社会生产力比较落后，大部分土地尚未开垦，来到东北的移民"大多是一贫如洗的贫民和灾民""甚至初到时连独立租地的能力都没有。他们既不能得到当地政府之经济上的帮助，又不能获得地主家相当的宽待，因此初到时大多只能当雇农"。据20世纪20年代调查，在辽宁省的移民，有6/10被人雇用垦地，3/10自领官地垦荒，1/10为工人。通过他们勤奋耕耘和先进的种植技术，开垦了大片荒地，耕地面积增加，粮食产量也有大幅度的提高。据珀金斯估计，东三省1873年耕地面积仅仅2400万亩，到1913年达到12300万亩，40年增加了4倍。另据专家统计，1914年东北（包括热河省）共有耕地14019.2万亩，到1932年达到30618.6万亩。东北1912年粮食总产量8002305吨，1930年增为18865000吨，18年间共增加10862695吨，每年净增603483吨。这些移民还带来了先进的种植、养殖技术，如玉米的种植和推广、大豆的增产和大幅度出口、柞蚕的生产等，提高了农业生产力。

其二，移民来到东北创建近代工业，经营商业，繁荣了当地的商品经济，也在东北建立了相当的势力。他们创建的近代工业主要集中在榨油、缫丝、烧酒等业。东北盛产大豆，山东移民在营口、大连、奉天、哈尔滨等市创建了大量的油坊，加工出的豆油和豆饼远销国外和江南，也为经营者带来丰厚的利润。在安东，原来将柞蚕丝运到烟台等地缫丝，20世纪以后当地"山丝出产丰富，烟台商人多来此开设厂栈，就近缫丝出口"。直隶的王玉珍在黑龙江创办平山煤矿、山东的韩宪宗在吉林的夹皮沟建金矿等。东北有人参、貂皮、药材等特产和大量的粮食，却缺乏布匹、铁器、日用品等洋广货，且商品经济尚不发达，故吸引了一批移民在此经商。关内经商者主要从事的有粮食、杂货、银钱业等。东北粮食和大豆往海外和关内的运销，最初多为关内的商人；购运销售洋广货的杂货行也多是关内的商人；至于经营银钱和汇兑业的则更是山西人和山东人。这些商人的活动不仅有助于推进东北商品经济的发展，促进集市的增加和繁荣，而且其本身的势力也日益增大，在许多地区成为举足轻重的商帮。在奉天，商人有河南、山西、山东和关里帮，"其在商场上占有势力者，则为山东帮及关里帮，金融界多系关里帮，实业界多系山东帮"；在营口，"各帮势力仍以山东帮及直隶帮为最"；在大连，"各商之势力最占优胜者为关里帮及山东帮，经营代理店事业者大半系关里帮，其他油坊钱庄杂货多属山东帮"；在长春，"商人以直隶永平府之昌黎、乐亭、抚宁、临榆（统名曰关里人）及山东之东三府占大多数，而山东人多营杂货行，关里人多营银钱业"；在哈尔滨，"各帮商人之势力以山东帮及直隶之关里帮为最占优胜，关里帮多系银钱业，山东帮多系实业，而根基稳固握有实力者仍为山东帮"。

其三，移民是东北产业工人的主要来源，也推动了东北城市近代化进程。最初，移民多到辽宁的大中城市和交通要道周围，有相当部分的移民被招募为工人。如1898年沙俄修筑中东铁路，"所有土夫，多系由直隶、山东陆续招致，三省不下一二十万人，以吉林一省言之，奚啻五六万人"。修筑京奉等铁路时亦然。东北各地矿山的矿工大部分也是从华北招募的。1921年抚顺煤矿采煤苦工中，原籍为山东的占53.4%，原籍是河北、京津和热河的占39%。20世纪后移民扩展到吉林和黑龙江省，其中稍有经济实力或经商经验者，也多留在大小城市从事工商业，成为东北各城市中的新生力量。这些移民自身身份转变了，也相对地提高了东北地区的城市化。以大连地区为例，1903年城区人口仅4万余人，到1935年增至37.7万余人，增加了8倍；同期该地区人口增加了近5倍。1936年、1937年该地区中山东人平均占移入人口的89.1%，河北人占10%；即移民留居所带来的人口机械增长是城市人口迅速增长的主要原因。

另外，对东北地区社会文化方面的也有一定的效应。如语言的趋同、习俗的沟通等。其负效应从经济方面有农村的地价上涨、城市中工资低下等；从社会方面看，有短期雇工多、青壮年多所带来的职业结构和性比例的失调等。因篇幅所限，另文而论。

对移民移出地来看，正效应主要有，第一，在一定程度上降低了当地的人口密度，提高人均耕地面积，从而暂时减轻土地与人口的压力，使人口的分布趋向合理。第二，在灾荒和人为的破坏农村生产力时，为难以维持生计的民众提供了一条活路，有助于减轻各级政府赈灾救灾的压力。如20世纪二三十年代，河南遭灾，政府提供交通工具组织难民到东北去做工；慈善机构和同乡会也慕捐设救济处，将难民移送东北。第三，移民尤其是，季节性移民，多是单身"闯关东"的，通过做工做开垦，有了一定的积蓄，即带回或寄回家乡，增加了老家的收入，补贴农村经济的出超。如山东烟台在20世纪二三十年代每年从东北移民寄来的汇款就达4000万元；在龙口1940年左右有银钱业25家，资本附本共计109万元，其主要的业务就是汇兑，"九·一八"事变前每年的汇兑达500万元，以后减至250万元。

同时，对移出地也有负效应。如消减了农村生产力，导致耕地的大量荒芜。到东北移民的主流是各地农村的精壮年劳动力，而精壮年是农村主要劳动力，农业生产的中坚、精壮年的流失，使华北农村人口渐减，劳力薄弱，耕地因天灾人祸等而弃，又因精壮年劳动力常年在外而荒，逐渐成为荒地，故民国以后即使在华北平原荒地数量却在增加，到1934年山东的49个县里有荒地10238平方千米，河南的69个县里有荒地5987平方千米。

值得注意的是，称民潮有利于打破地域之间的局限，促进两地区社会经济和文化的传播、交流、融合和互补，有助于人口素质的提高，推动东北与关内社会经济和文化更加协调和统一，如双方商品的交流、资源的互补、文化习俗的融合等。

总之，近代"闯关东"为特色的移民潮，是当时社会经济环境造成的社会现象，其产生的原因和所起到的正负效应是多方面的、多层次的。深入总结和研究这一历史过程，将有助于正确研究和引导当前农村剩余劳动力过多而出现的民工潮。

责任编辑/沈意　本文图片为资料图片

■1853年7月8日，四艘黑色外国巨舰突然出现在锁国已久的日本江户湾（今东京湾）水面。

日本开国及维新背后的中国因素

□雷 颐/文

  1853年7月8日，四艘黑色外国巨舰突然出现在锁国已久的日本江户湾（今东京湾）水面。这是美国东印度舰队司令官佩里（Matthew Calbraith Perry）准将率领的四艘军舰组成的舰队，此行使命是将美国总统要求日本开国的信交给日本政府。佩理得到指令，如果日本最后拒绝，可以使用武力迫使日本开国。这是日本历史上的划时代的事件，由此，日本被迫开国，进而开始维新运动，大踏步迈入"现代国家"。在日本的开国和维新过程中，恰恰是中国起了西方了解日本、日本了解西方这种双向互动的窗口、中介作用。这种窗口和中介作用对日本的开国和维新起了重要的推动作用。

  此时，中国的大门被打开已经整整十三年，中外贸易迅速增长，上海成为正在崛起的东方大都市。这时，太平洋彼岸的加利福尼亚正式并入美国已经五年，同时，俄勒冈领土正在大规模开发。美国已然成为太平洋国家，如能横跨太平洋，将大大缩短到中国的航行时间，大大减少正在快速增长的对华贸易成本，甚至有可能与对华贸易独占鳌头的英国一争高下；同时，美国捕鲸船队在大西洋竭尽全力但所获递减，由此逐渐将作业中心移到太平洋深处渔场，靠近日本附近海域。无论是跨洋贸易的商船、海军的炮舰还是捕鲸船，都需要日本提供港口，作为补给食品、水、燃料和避险之用。然而，日本此时仍在实行有两百余年历史的严厉的"锁国"政策，只有长崎一港因历史原因允许中国和荷兰商船进入贸易，当然也有严格管制。1825年，幕府还颁布了《异国船只驱逐令》，规定在任何情况下，只要异国船只靠近海岸线，就要设法驱逐，可以使用武力，与其进行任何沟通、提供补给都是违法的。如何尽快打开日本大门，成为美国的急迫要求。

要打开日本大门，首先要了解日本。日本严密锁国，很难管窥一斑，中国的澳门、广州和香港，于是早早成为西方了解日本的窗口和中心。

鸦片战争之前，葡萄牙占据的澳门是传教士的重点，广州允许欧美商人在城外设立商馆，虽然规定外商只能临时居住，而且有严格的活动范围限制，但一些传教士也来到商馆，并寻找机会向中国内陆传教。第一次鸦片战争后，香港被英国占据，成为传教重点。

1829年秋，美国传教士裨治文（Elijah Coleman Bridgman）前往广州，在黄埔港的美国商馆内住下。他在1832年5月创办了英文刊物《中国丛报》（Chinese Repository），旧译《澳门月报》，作者主要是传教士，是第一份向西方介绍中国的英文刊物，也是第一份"汉学"刊物。文章内容包括中国政治、历史、社会、经济、地理、法律、博物、贸易、语言等方方面面，《中国丛报》共发表各类文章近一千四百篇，关于中国的文章占90%，也有少数关于东亚其他国家的文章。关于日本的文章虽然不多，却成为西方了解日本的重要信息源。这些文章介绍了日本的地理位置、区划、山川、物产、人种、政治、法律、风俗、宗教，介绍了本土的神道教和外来的佛教，也介绍了日本高官去世后用活人或者用泥人陪葬的习俗，对天皇制度的历史渊源和现在与幕府的关系也作了介绍分析，澄清了西方的许多误解。但日本严厉锁国，传教士也难以进入日本。如何进入日本，更详细地了解日本，传教士一直在寻找机会。

1831年11月，日本的一艘运粮船从爱知航向江户，途中遭遇风暴失去控制，在水上漂流。一年多以后，漂到美国俄勒冈一处海岸，原来的17名水手只有三人生存。这三名水手被印第安人俘获为奴，直到1834年5月，他们被一名好心的美国商人解救出来，将他们经英国送到中国澳门，希望他们然后能从澳门回到日本。1835年底，他们到达澳门，被安排在德国传教士郭实腊（Karl Gutzlaff）家中。郭实腊对语言一直感兴趣，不仅学习中文，还学朝语，正好跟这三位日本人学习日语。1837年3月，又有四名日本水手因海难漂流到马尼拉并被送到澳门，仍被安排在郭实腊家中，为郭实腊学日语提供了更好的条件。

1837年7月，《中国丛报》发表了郭实腊介绍、分析、评论日语的长文。经过几年的日语学习，他对日语的语音、词汇的基本情况作了简要介绍，并对名词、动词、形容词、数量词的构成和用法作了详细说明。有意思的是，郭实腊此文提出日语是东亚最精致完美的语言，比汉语更容易吸收西方知识，相信拥有日语这样的民族一定会拥有高度的文明。不知从语言论断一个民族是否开放、是否可能拥有高度文明之论有多少语言学依据，反正后来的历史证明他至少"蒙着了""猜对了"。

就在发表关于日本文章的1837年的7月中旬，郭实腊和美国传教士卫三畏（Samuel Wells Williams）等人乘"马礼逊号"（Morrison）前往日本，想把流落在外的七名日本水手送回日本，同时他们也藉此踏上日本国土。为了表示友好，"马礼逊号"没带任何武器，经琉球于7月30日船到日本江户湾水面，但没想到在登陆时不断遭到日本海岸炮击，一发炮弹还落到甲板上，只得放弃江户湾登陆计划。在返航途中，又想从鹿儿岛登陆，仍被炮击，最终无功而返，于8月底回到澳门。

回到澳门后，卫三畏即在《中国丛报》发表了长文《"马礼逊"号琉球、日本航行记》，对琉球、日本作了最直观的介绍。卫三畏是最早来华的美国新

教传教士之一，早在1833年6月就来到广州，在广州城外为美国公理会（Congregation Church）创办印刷所，随后又接管了英国东印度公司在澳门的印刷所。当时清政府不允许外国人在广州城居住，也不允许中国人教外国人汉语，但卫三畏还是想方设法通过种种途径学习汉语，并曾与郭实腊一起向那几位日本水手学习日语。他曾协助裨治文编辑《中国丛报》，负责广州地区的发行，1847年接替裨治文成为主编。

佩里的舰队是1852年11月从美国弗吉尼亚州的诺福克港启航，经加那利群岛、开普敦、新加坡，于1853年4月初到达澳门、香港，停留达二十天之久。除了添加补给外，这是近距离进一步了解日本的机会。到达港澳后，佩里向卫三畏详细打听日本情况。他知道日本虽然锁国，但对中国、荷兰网开一面，一直用汉字，所以将美国总统的信交给卫三畏，由卫三畏提供了汉译本。离开港澳，佩里舰队又驰向上海。在上海他停留了近半个月的时间，为了稳妥可靠，他又请上海美国领事馆一位在荷兰出生的外交官将总统的信译为荷兰文。

在上海停留后，佩里舰队直驰琉球，卫三畏也从澳门乘船来到琉球与佩里会合，然后前往日本，卫三畏担任舰队翻译。

佩里舰队出现在日本海面的1853年毕竟不是"马礼逊号"被日本炮击的1837年，这16年间发生了一件震撼日本的大事，即中国的鸦片战争。日本听说比它强大得多、先进得多、一直是它景仰、学习对象的中国，在鸦片战争中居然被小小岛国英国打败、被迫打开大门的消息，不能不震惊异常。

日本朝野有识之士想方设法通过种种渠道获取中国鸦片战争的情报。虽然长期闭关锁国，但日本一直注重海外情报搜集，规定长崎港的中国和荷兰商人必须向长崎地方最高官员报告海外消息，这种报告被称为"风说书"。中国鸦片战争的消息，最初就是通过风说书传到日本的。日本将鸦片称为"阿片"，有关鸦片的风说书就被称为"阿片风说书"。这些风说书属于官方秘密文件，由长崎地方官上交幕府，只有幕府高级官员才能阅读。但阿片风说书的内容还是通过种种渠道，传到民间。日本朝野，此时急迫了解中国鸦片战争的情形，尽量搜集有关情报。

日本对中国鸦片战争的一个直接的制度性反应是1841年放宽了《异国船只驱逐令》，规定如果外国船只提出要求，地方官可提供燃料、淡水和食品。1842年，正式废除《异国船只驱逐令》。

郭实腊1833年在广州外国商馆创办的中文报纸《东西洋考每月统记传》也传入日本，引起重视。《东西洋考每月统记传》是中国境内最早的中文报纸，郭实腊创办的目的当然是为了向中国人传教，但他发现当时中国人有强烈的"华夷之辨"的观念，认为非华夏文明都是野蛮不文的，因此不可能接受基督教。如果要让中国人接受基督教，首先要破除其他文化、文明都是"蛮夷"的观念，接受西方文化是与中国文化并存的另一种文明、文化，这是中国人接受基督教的前提。所以，这张报纸主要内容是介绍西方科学知识和历史文化知识。这份中文报纸1838年因经费问题停刊，五年来一直未引起中国人重视。鸦片战争后，仍未引起更多重视。相反，零星传入日本后，在鸦片战争大背景下，却引起了日本的重视。前述英文《中国丛报》是西方了解近代中国、日本的窗口，此张中文《东西洋考每月统记传》则是中国、日本了解西方的窗口。可惜，这张在中国境内创办的中文报纸，对中国了解外部世界的"窗口"作用有限，却成为日本的"窗口"。

参加过鸦片战争的魏源写的《圣武记》在1842年出版，不久就传到了日本，引起了日本朝野的注意。魏源曾入两江总督裕谦幕，直接参加了鸦片战争，亲身体验了战争的失败，裕谦的战败自杀给他的刺激尤其强烈。为总结战败教训，立志著书，在1842年出版了《圣武记》，叙述从清初到道光年间的征战史，分析军事制度、军事地理等因素，探究防御强敌之法。这本书传到日本，引起幕府高官重视，当时的政治家和一些后来对明治维新起了重要作用的佐久间像山、吉田松阴等都认真读过此书，其中一些章节还被翻刻。

日本对鸦片战争信息的搜集甚至包括中国的笔记诗文。例如中国的竹枝词、棹歌体诗保存大量的地方史料，可以"补志乘之不足，备采风之选录"。1846年，浙江平湖沈筠辑刊《乍浦集咏》十六卷，其中有英国侵略军攻入乍浦城后种种暴行的竹枝词80余首。此书当年就流入日本，有人又专门将这80余首谴责英军暴行的"英吉利夷船"编为《乍川纪事咏》《乍浦集咏钞》并作为"警世之书"于1848年出版。日本正值被西方列强"叩关"前夜，此书记述英军能在中华大地上如此恣意妄为，的确对日本起到警醒、启蒙作用。竹枝词、棹歌体向不为中国的文人雅士所重，但日本对此书却如此重视，足见其了解鸦片战争的急迫。

1844年荷兰国王专门通过荷兰商馆致信日本幕府，正式促请日本注意中华帝国已被英国打败的事实，世界形势已经大变，西方的政治和通商活动将遍及全球，日本无法独善其身，也将面临大变，应当主动开放，积极参与世界之变。虽然幕府仍坚持闭关锁国，通知荷兰商馆此类信今后不用拆开即直接退回，毕竟通过正式渠道知道了以中国国门被暴力打开为标志的世界形势的剧变。

中日一衣带水。对鸦片战争的了解越多，日本越强烈感觉到自己的大门马上也要被列强暴力打开，朝野越来越焦虑。如何应对、抵抗即将到来的西方挑战，一时成为有识之士讨论、争论的焦点。他们首先"求教"的竟是明朝抗倭名将戚继光的《纪效新书》和《练兵实纪》，这两本在明代就传入日本的兵书。

对日本来说，戚继光当然不陌生，但并非因为他"抗倭"，是自己的敌人，而是因为他的兵法对自己"有用"。早在1727年，学者荻生徂徕有感于当年丰臣秀吉在朝鲜大败于明军，详细介绍、分析、总结了以戚继光为代表的明代兵学思想，希望改革日本军制。他再三论述戚氏兵法主张以士兵军律、训练为中心。他强调军队整体战的重要性，希望改变日本以武士"独斗"为主的传统兵法。强调军队整体战，自然否定了武士的单打独斗，大大降低了武士的作用和地位。戚继光强调对士兵要精选，"城市游滑之人""奸巧之人"不可选用，须选"乡野老实之人""乡野愚钝之人"。

明季倭寇主要是从海上侵犯，戚继光、明末浙江吴兴人茅元仪和"俞家军"首领俞大猷，几乎一生都在抗倭，尤擅海战的俞大猷有关海战的内容也早早引起日本有识之士的兴趣和讨论。戚继光认为海战决定胜负的主要不是人力，而是船的大小："福船（福建所造船）高大如城，非人力驱使，全仗风势。倭舟自来矮小如我小苍船，故福船乘风而下，如车碾螳螂。斗船力而非斗人力，是以每每取胜。"茅元仪也强调船的重要性："御倭者，必御之于海。所以设会战之法，谨战艘之修，仍事贵在有备。"俞大猷明确写道："夫倭奴长于陆战，彼但见造船不备水兵，且为小舟。我则集大舰，造高大楼船，聚鸟铳于其上，又设炮石，遇倭船则发，辄令其摧压焦烂，此固我兵所长也。"

如果说在鸦片战争前二百多年间日本对戚继光等人兵法的介绍、引进还多少有些"纸上谈兵"、防患未然的意味，那么鸦片战争后，日本的有识之士则感到是迫在眉睫的当务之急了。许多人认为戚继光的"防倭"方法、兵法，大可用于自己现在防御西洋的军事侵略。虽然还没有直接面对西方军队，但通过中英鸦片战争的了解，他们对以操练为中心、强调整体作战的西洋也开始有所了解，认为现在的形势不能依靠传统武士仅凭个人忠勇独斗抵御西方的军事侵略。在他们的观念中，西洋兵法与戚继光的兵学理论、思想、方法是相通的甚至是相同的，以戚氏和西洋兵法改革军事体制的主张最为强烈。

这种改革当然引起一些武士反对，指责"学习中国人之军法，并模仿西洋人进行操练，此有悖于我皇国武士之风"，是对建立在武士勇武荣誉基础上的"独斗"的否定。但从上到下，识时务者仍是主流，幕末针对西方的军制改革就组成了炮阵，一些藩国也迅速转学西洋兵法。在这个转变过程中，戚继光的兵法理论起了关键作用。

对鸦片战争的了解使他们认识到西洋列强主要是从海上进攻，依靠船坚炮利，无往不胜。所以他们不仅主张改革陆军制度，更呼吁要打破三百多年禁造大船的命令。禁止建造大船，始于1635年（宽永十二年），三代将军德川家光执政，颁布了《武家诸法度》，规定禁教、禁止与海外通航，幕府相应地禁止建造五百石以上的船只。现在主张解禁的理论根据，主要还是中国明朝戚继光、俞大猷、茅元仪防"倭寇""倭奴"的论述。此时的有识之士则强调："戚南塘书中有云，水战斗舟不斗人，舟大者必胜，即指此事也。今天意欲于吾国土与异国决战，则必造大船，以顺此理。"还有人以戚继光水战兵法为依据，再三上书幕府，要求解除禁造大船令。中国明代抗倭的海战理论与"佩里舰队"的出现，使幕府终于在1853年秋宣布解除建造大船的禁令，并通过荷兰人购进西洋式大型蒸汽船。

用了西方武器，下一步顺理成章就是仿制西方武器，典型代表是萨摩藩第十一代藩主岛津齐彬兴建的"集成馆事业"。他1851年继位，采用西式练兵方法，并以鹿儿岛地区为中心开始了日本第一个近代西式工厂群的建设，生产新式武器和民用物品。岛津齐彬是领导萨摩藩执行富国强兵政策、最终在幕末崛起的领袖人物，并培养出了诸如西乡隆盛、大久保利通等一批后来发动明治维新的英才。

中国的鸦片战争使日本在"开国"前就开始了使用、制造洋枪洋炮的"洋务运动"，而经历了鸦片战争的中国，则迟至1863年才开始洋务运动。日本能主动"洋务"，在于以他人教训为自己借鉴，大大减低了日本转型的代价。

对他人经验，日本重实际而轻虚文。戚继光、俞大猷等明代抗倭名将绝不会想到，自己防御、抵抗"倭寇""倭奴"的兵法战法，几百年后竟为"倭寇""倭奴"所用。日本并未以"倭寇""倭奴"这种对自己的侮辱性词汇而坚决拒绝、批判戚氏等人的理论。正是他们的兵法战法，成为日本幕末引入西方现代兵法的中介，并对日本幕末接受西方军制改革起到重要铺垫作用，推助日本社会转型迈出了关键的第一步。

"风说"为虚眼见为实，说曹操曹操到，"鸦片战争"真的降临日本。佩里率领的美国舰队果然来到大门口，其军舰比日本最大的帆船还要大二十多倍，恐慌的幕府最终破天荒决定允许几百名美国官兵上岸，并按佩里的要求派官阶相等官员隆重接受美国总统的信件，对信中所提要求，幕府表示要请示天皇才能决定。佩里同意了日方请求，告知日本政府自己来年春天将率一支更加庞大的舰队再来听取答复，然后启程返航，于8月底回到香港。

中国的鸦片战争与美国舰队展示的实力使日本终于"开国"。

1854年2月11日，从香港启航的佩里舰队再次来到日本江户海面。这次有七艘军舰，炮火更强。3月8日，幕府与佩里在横滨开始谈判；3月21日，双方达成协议，签署了两国亲善条约，即《神奈川条约》。幕府几乎接受了佩里提出的全部要求，开放下田和箱馆两处港口，向美国船只提供淡水、食品和煤炭，双方为流民提供救助，日本承认美国在下田设立领事馆的权利。此后，其他西方国家纷纷跟进，日本的锁国时代正式结束。

佩里舰队此番到日本再次的"叩关"之行，除了美国传教士卫三畏依然随行担任翻译外，还有一位中国人、卫三畏的好友罗森。卫三畏与罗森是全舰队仅有的两个会汉语的人，这次与日本的"对话"主要靠此二人与日方彼此书写汉字交流。在

美国东印度舰队司令官佩里（Matthew Calbraith Perry）准将

日本期间，日本官员、文人、学者、僧侣对这位中国人非常感兴趣，纷纷与他交往，很多人与他唱和汉诗，互赠书画，更多的人则请他题字、写扇面，更主要的是通过笔谈了解鸦片战争后中国的信息。

佩里舰队这次在前往日本的途中，又在琉球短暂停留。不知是卫三畏还是罗森，因为整个舰队只有他们二人懂中文，将创刊不久的中文杂志《遐迩贯珍》二册送给当地人。《遐迩贯珍》是1853年8月由英国伦敦会传教士麦都思（W.H. Medhurst）在香港创办发行的中文杂志，"遐迩"是"远近"之意，创刊号的题词有两首五言诗，其中写道："创论通遐迩，宏词贯古今。""妙解醒尘目，良工费苦心。吾儒稽古今，赖尔作南针。"

很明显，杂志的宗旨就是以贯通域外过去与现代知识为主，启蒙中国儒林士人。杂志译有伊索寓言等古代知识，更主要的是介绍大量西方科学、技术知识，当时的国际形势新变化、最近发生的新闻。其中包括土耳其现状、瑞典现状、美国黄金产量、旧金山社会教育、克里米亚战争等，无怪乎后来有研究者将其称为当时中文世界最迅速、最全面的世界信息总汇。杂志也有中国报道，除了各种香港新闻外，就是对太平天国的报道认及对清军与太平军的战况报道迅速准确。

这两本杂志马上由琉球传到日本，引起了幕府的高度重视，将其复刻，让高官阅读，同时民间读书人也非常重视这本杂志。随佩里舰队到日本"叩关"返港后，罗森还将访问见闻以"日本日记"为名，交《遐迩贯珍》从1854年11月日起连载。1856年这本杂志停刊，但此前的旧刊仍是随后一些年日本搜求的对象。然而，这本创刊于中国香港创办且为日本所重视的中文杂志，在中国却不被重视，尤其不被掌握话语权的儒家士子、官员所看重。

对日本影响至大至深、起到震撼作用的，则是魏源受林则徐之托编撰的《海国图志》。1839年底，林则徐组织翻译英国人慕瑞（Hugh Murray）1836年在伦敦出版的《世界地理大全》（The Encyclopaedia of Geogra-phy），译名为《四洲志》。此书介绍了关于世界几大洲的新知，并对近代中国"走向世界"起了重要的启蒙作用。同时，为了克敌制胜，林则徐还组织编译了有关西方近代船舰、火炮的资料，有"师夷"仿造之意。作为高官，林则徐深谙国情，知道此书如果出版将会遭到严批，所以未将《四洲志》付梓。可是此书仍传了出去，受到责难。但林则徐已经感到中国将面临一个全新的敌人，必须了解这个敌人、世界，并"师夷长技"，最后才能战而胜之。

1841年夏秋，已被革职遣戍新疆伊犁的林则徐路过镇江，与好友魏源同宿一室，对榻畅谈。林则徐将《四洲志》等编译的有关外夷资料交给魏源，嘱其编撰成书。魏源不负重托，在《南京条约》订立后不久整理成《海国图志》，并于1842年出版。

《海国图志》对世界五大洲和许多国家的历史、政治、地理、经济、宗教、教育等方方面面的情况作了详细的介绍。魏源在叙言中开篇就说："是书何以作？曰为以夷攻夷而作，为以夷款夷而

作，为师夷长技而作。"以夷攻夷，就要了解各夷，即了解世界，才能利用诸夷之间的矛盾，让其相互进攻；以夷款夷，就是利用诸夷之间的矛盾来维持和局，其中重要一点就是中国应与各夷通商，使有关各夷为了自己利益而彼此牵制，达到息兵休战的目的；师夷长技，就是指学习、仿制夷之先进武器。他强调善师夷就能制夷，不善师夷者则被夷所制。

两国交战，知己知彼百战不殆，如果敌人武器强于己方，自己一定要千方百计学习、仿制，这本是常识，但在当时的中国，这却是万不可行的罪过。林则徐提出"悉夷"就承受了巨大压力，及至魏源提出"师夷长技"，受到的抨击更为猛烈，群情汹汹，指责其为"溃夷夏之防""以夏变夷"，为"倡乱之阶"……当时即有人说"举世讳言之，一魏默深独能著书详求其说，已犯诸公之忌"。很快，此书被禁。

1851年，《海国图志》传入日本，传入数量极少，只有几本。由于在介绍欧美各国时必然要提到有的国家信奉天主教、基督教，虽然有关内容非常少，但因幕府严厉禁教，此书被禁。1854年，日本被迫开国，对世界茫然无知的日本急切需要了解世界，此书成为不二之选，随即解禁，幕府要求各级官员熟读。这本书强烈震撼了日本，到1856年各种版本就达23种之多，有的是原文翻印，有的为了让更多文化程度不高的人阅读，在汉文上下旁边加上训读符号或假名，还有一些日文译本，被称为"和解本"。

面对西方列强侵略，是"锁国攘夷"还是"开国攘夷"，在日本国内也有激烈争论。《海国图志》对世界大势的介绍和"师夷长技以制夷"的观点，使"开国攘夷"成为主导性意见。所谓"开国攘夷"，就是"师夷长技以制夷"的翻版。佐久间象山是开国攘夷的代表人物之一，早在读魏源的《圣武记》时就激动地写道："呜呼！予与魏，各生异域不相识姓名，感时著言，同在是岁。而其所见，亦有暗合者，一何奇也。真可谓海外同志矣。"《海国图志》解禁后，他更是认真阅读，并写了大量读书笔记。他开设了"象山书院"，《海国图志》是指定重点读物，培养了吉田松阴等一批开国攘夷的志士。

吉田松阴后来主持"松下村塾"，《海国图志》也是指定重点读物。虽然吉田松阴主持松下村塾才短短两年，但这里却成为幕末培养"倒幕"维新人才的大学校。两年间学生不到百名，但明治维新的风云人物高杉晋作、久坂玄瑞、木户孝允、伊藤博文、山县有朋、井上馨、前原一诚等却都出自这里。因主张"倒幕"，在幕府为镇压尊王攘夷志士而制造的"安政大狱"事件中，吉田松阴于1859年11月被处死，年仅29岁。后来明治政府奖赏维新功臣时，松下村塾的不到百名学生中，有37名获得各级爵位或被追赠官位，吉田松阴本人被追封正四位，1908年由伊藤博文发起在松下村塾旁建立松阴神社。

与佐久间象山一同主张、提倡开国的横井小楠曾参与熊本藩、福井藩的开国和改革事业，成效卓著，广获名声。明治维新后，新政府邀横井小楠担任"参与"之职，参与权力中枢。在新政府的领导人中，因他年岁最高且有改革实践经验，所以他的建议多被采纳，对明治政府的改革大有贡献。

但最初，他却是赞同、主张"锁国攘夷"的，正是在认真阅读《海国图志》后，才一转而变为坚决的开国论者。他不仅主张使用、仿制西方武器，还主张学习其政治制度。由于日本是被美国打开大门的，所以《海国图志》中的"美国篇"引起日本思想家的格外重视，横井小楠对美国制度赞赏备至，称赞美国"顺天意息宇内战争""求智识于世界万国""大总统之权柄让贤不传子"，华盛顿所追求的共和政治"废君臣之义以求公共和平"，开拓了一条"通往以基于公论的公共之政为目标的国家之路"，推崇华盛顿为"白面碧眼之尧舜"，由器物、制度进入到信仰、文化层面。1869年1月，身居高位的横井小楠下班回家被保守派几名刺客杀害。

桥本左内是幕末著名志士，在18岁时就认真阅读了魏源的《圣武记》，并写有读后感。《海国图志》解禁后，他认真阅读并向他人推荐，对书中的美国和英国部分尤其用心。得益于书中有关美国、英国的介绍，他的思想超越其他开国攘夷论者之处在于，他不仅主张仿制西洋武器，而且强调美国、英国等欧美国家是以商立国，强调商业、贸易的重要性。他还介绍分析了外贸中出口与进口关系，提出不仅出口有利于本国，而且进口也有利于本国。尤其难能可贵、甚至超越时代地提出与外国人交易不仅限于物品交易，"智慧之交易更为重要"。"智慧之交易"就是知识、思想的交流。有感于日本社会的固化，下层难以进入上层，才学之士仅因出身下层而无法担任官职，他破天荒提出应以"选举之法"来选拔、作用官员。不幸的是，在1859年"安政大狱"中，他也被捕入狱，于当年10月被处死，年仅25岁。

从1854年解禁到1868年明治维新的十几年中，《海国图志》起了巨大的启蒙作用，正如梁启超1902年在日本写作的《论中国学术思想变迁之大势》中所说："魏氏又好言经世之术，为《海国图志》，奖励国民对外之观念。此书在今日，不过束阁覆瓿之价值，然日本之平象山（即佐久间象山）、吉田松阴、西乡隆盛辈，皆为此书所激刺，间接以演尊攘维新之活剧。"有感于此书在中日两国命运、作用的大不相同，梁氏紧接此句写道："不龟手之药一也，或以霸，或不免于洴澼絖，岂不然哉！"

其实，日本有识之士早就对此书在中国被禁大为不解，大发感慨。盐谷宏阴在1854年翻刻《海国图志》的序言中就感叹道："呜呼，忠智之士，忧国著书，未为其君所用，反落他邦。吾不独为默深（魏源字默深）悲矣，亦为清帝悲之。"

1862年6月，幕府准备与中国通商，派商船"千岁丸"来到上海，这是德川幕府实行锁国政策200多年来官方正式派遣的第一艘船只。连水手共有六十余名，有商人，还有一些以年轻下级武士为主的各藩藩士，来华目的各不相同，有的为了通商，有的为了了解中国情况、获得中国最直接信息，由于隔绝甚久，日本当时对中国仍有推崇。23岁的藩士高杉晋作是吉田松阴的学生，一直在为维新奔走活动，对中国也非常推崇，希望了解、学习中国应对西方的经验。但到上海一段时间后，他不解地发现在鸦片战争被列强的先进武器打开大门二十余年后，清政府竟然仍禁止学习、仿造洋枪洋炮，也禁止仿造军舰。他酷爱读书，尤其推崇《海国图志》，在上海尽可能多地访问书店。他惊讶地发现，书店老板们和接触到的诸多读书人居然没有听说过《海国图志》！他沉痛又鄙夷地写道：中国的衰败在于不造能闯万里波涛之军舰，也不造能防御敌人于数十里之外的大炮，"并使彼国志士所译之《海国图志》绝版。因循苟且，空渡岁月，徒然提倡固陋之说"。高杉晋作此论相当有代表性，自此，日本的中国观发生了根本性变化，认为中国不足为榜样，不能学习中国，更坚定了日本有识之士推动维新的决心。

1868年1月3日，明治天皇颁布了"王政复古"诏书，标志着明治维新的开始。

《海国图志》原来是为了打开中国人的眼睛，是中国人"睁眼看世界"的初级启蒙读物，但却被当时的中国拒绝，无意中启蒙了日本人，对明治维新起到催化作用。明治维新后，日本走上富国强兵道路，反过来一次次侵略中国。

《海国图志》在中日不同的命运，可作为两国对现代化挑战不同反应的象征。

从开国到维新，"中国事情"对日本起了重要的中介、催化作用。然而1840年发生在中国的鸦片战争，并没有使清政府警醒，仍沉浸在天朝上国的迷梦中，迟至1863年，才由一些地方官员发动了仿制洋枪洋炮的洋务运动。制度变革更加困难、凝滞。"中国事情"相当长时间内未能成为中国教训、经验，也未能成为"中国知识"，反而迅速成为日本经验，成为"日本知识"。

责任编辑/沈意
本文图片为资料图片

WWW.EVERTECHCNC.COM

***EVERTECH* 久工精机**

◎董事长：俞春根 ◎电话/传真：0571-22822900
◎地址：杭州市萧山区新塘街道五联村（万翔寝具对面） ◎E-mail：zjevertech@163.com

铸造精细之美

久工精机，坚持追求高品质与高性能

浙江久工精密机械有限公司

  久工精机是一家集研发、生产与销售于一体的专业数控机床制造商，拥有2个机床生产基地，配备了现代化高标准装配及加工车间。并引入进口高精度龙门五面体、卧式镗铣加工中心、龙门加工中心等先进设备作为加工母机，同时配备进口激光干涉仪、循圆仪、动平衡仪等先进检测设备。

  久工精机注重吸纳与培养行业优秀技术人才，通过引进吸收、自主创新，成功开发、制造了V/VP系列立式加工中心、DV系列龙门加工中心、HMC系列卧式加工中心等。同时引入敏捷化制造模式，及时为用户提供更具个性化的机床产品。

地址：杭州市萧山区坎山镇河西路278号 邮编：311243 电话：0571-82511479
传真：0571-82512890 Http://www.hzkygj.com E-mail：shenyuan123@hotmail.com

TEL:0571 8251 1471

三得机械

WWW.HZSDJX.COM.CN

公司成立于1993年，自成立以来，公司在董事长阚春传的带领下发展迅速。公司主要生产刹车片、鼓刹等汽车工业配件，承接各种机械冲压订单，产品规格繁多，品质优越。

经过多年探索与发展，公司业务不断拓展，团队不断壮大，并与德国、希腊等十余国客商建立了长久、稳定的合作关系。海外客商曾多次前来参观工厂，公司核心团队也曾多次前往欧洲调研学习。

公司已通过ISO9000:2000质量管理体系、TS16949:2002质量管理体系认证，现拥有三大厂区，机器100余台，其中包括德国原装进口机器，范围涵盖5吨到200吨冲床数台、400吨单边压力机数台、500吨油压机和400A滚焊机等机械设备，生产工艺精湛、技术先进。

此外，公司还拥有一支由具备高等专业素养的科技人才组成的研发团队，能为客户提供专业化定制服务，并具备从设计、制模到生产、组装的全方位产品服务能力。

公司从成立之初就定下了诚信谦和、客我两利的发展宗旨，追求与客户的互利共赢。同时，公司设置严格的质检体系为公司产品远销海内外保驾护航。

三得

千岛之恋

□吴宗其

◎ 我的光影之路

吴宗其,中国浙江淳安人,祖籍浙江义乌,出身于摄影世家。现任中国摄影家协会理事、浙江省摄影家协会主席、杭州市摄影家协会主席。

1980年开始从事摄影工作的三十多年来,共创作千余幅摄影作品,先后在国内外影展入选、获奖,并多次获得国内外摄影大展金牌奖,填补了浙江省国展金牌奖的空白。多次组织和策划国际和国内摄影大型活动并担任评委,也曾多次在美国、巴西、中国等国内外举办个人摄影作品展,有一百多幅摄影作品被国内外博物馆、美术馆永久收藏。多次出版发行个人摄影作品集。曾获得浙江省首届摄影艺术贡献奖和"德艺双馨"优秀摄影家称号,两次获得杭州市政府文艺奖。

世界著名纪实摄影大师亨利·卡蒂埃·布列松曾说摄影师应该找到那"决定性的瞬间",马上像使用武器一样快而精确地进行拍摄。对于决定性瞬间,他这样解释:"对我来讲,照相机就是一本速写簿,一件工具——是获取直觉的、自发的和令疑问和决心并存的伟大瞬间的工具。一个人要想把有意义的东西带给世界,他就必须能够与他取景框中的事物灵犀相通。这种方式需要精力集中、头脑有素、反应敏锐和对几何结构有良好感觉。拍摄照片既要认清事实本身,又要赋予它视觉感知形式上的意义。它把人的头脑、眼睛和心灵放在了同一条轴线上。"这段话非常精确地描述了摄影的本质属性,我深以为然。一幅摄影佳作应追求的就是瞬间的抓拍,留下永恒的回忆。

我出生于摄影世家。20世纪50年代,照相还属于新鲜事物,我的祖父和父亲在家乡狮城镇开设了一家"如真照相馆",以照人像的摄影为生,那时照相馆并不多见,生意兴隆,可维持全家老小生计。我从小耳濡目染,童年、少年的记忆便是跟随长辈们拍照和冲洗照片,暗房是我心生向往的地方,兴趣也随之而生。高中毕业的时候,我正式开始玩摄影,给同学、朋友拍照留念。

我自1980年起在淳安县文化馆从事专业摄影工作。入馆之初,为了通过文化馆正式编制的考核,我背着相机下乡拍摄,一个礼拜时间,爬山涉水拍完12个胶卷。有时为了拍好一张照片,可以三趟、四趟、五趟地翻山越岭,直到拍出满意的照片。在文化馆摄影工作最初的几年,我继承了父辈精益求精的精神,练出了一手长于他人的暗房功夫。

从那时候开始,我徜徉在光、影、色灵动变幻的世界,着眼于记录乡邻乡亲们的自然生存状态和生活方式,并将家乡人们的生活场景用摄影方法去创作、去体现,我把镜头对准乡邻乡亲们的日常生活环境和平常生活状态,把一个没有现代感的故乡的生存状态,活色生香、柔情万种地呈现给读者。我记录的家乡是真实的、鲜活的,充满人间烟火味道的,当然也是让人怀想、思绪万千的。昨日的风,今夕的尘;开落的春花,卷舒的浮云;岁月的年轮,生命的过客;成长的足迹,感悟的思索;不经意间的回眸,上下求索中的执著,无一不在瞬间化作永恒。

这么多年来,我有千余幅摄影作品入选国内外各类影展,600多幅作品获奖,而我所有的获奖作品,大部分是在自家乡千岛湖创作的。1986年,第十四届全国摄影艺术作品展结果揭晓,我的作品《狂舞》获得金牌奖,这幅作品使我成为浙江省首个摄影国展金牌获得者。自那时起,我更加一发不可收拾。我觉得,能获得摄影艺术领域全国最权威国展金牌奖,一定要珍惜获得的荣誉,并暗暗地下决心从此一定要在摄影道路上更加锲而不舍地奋斗和努力。

我是土生土长的千岛湖人,对那里的一山、一水、一草、一木都有一种特殊的情感。千岛湖的巨网捕鱼非常有特点,堪称中华一绝,我看准了这个主题,并多次深入到捕捞队进行创作,一直拍到自己满意为止。就因为作品《狂舞》,我才有机会从文化馆的企业编制转为事业编制,从此有了稳定的饭碗,更加得以安心创作,我的大部分黑白摄影作品都是在文化馆的26年里创作的。

我的另一幅作品《亲吻》,是在2004年世界比基尼小姐决赛时拍摄的,当时冠亚军在千岛湖捕捞队抱起一条大鳙鱼,作出亲吻动作时,我举起相机把这一人与自然之完美结合的时刻抓拍了下来。《亲吻》荣获2010美国摄影学会第八届国际摄影大展PSA金奖(在美国相当于电影界的奥斯卡金奖)。当时应邀赴美国参加2010美国摄影

▲ 水上芭蕾

学会年会上隆重的颁奖典礼。第一次接触到美国摄影学会组织,学到了该摄影组织的一些经验。从那时起我就在想,怎么样能带动浙江摄影界与国外摄影界的交流,也让我对自己身上的责任有了新的认识,首先就是自己以身作则带头多参加一些国际摄影活动。第二年我的又一幅作品《水上芭蕾》获得阿联酋2011国际摄影大展FIAP金牌奖,而在此后,家乡的作品在世界性摄影比赛中频频获奖,中国的千岛湖也通过我的摄影作品被更多人所认识。

2004年,千岛湖荣获全国乃至亚洲第一个"世界国际花园城市"称号(B类城市),在当时的评比中,我耗时半年多时间拍摄的160幅表现千岛湖的图片赴加拿大进行展示评选,一举获得全球86个国家和地区参赛的第一名,为家乡千岛湖摘得该荣誉立下了汗马功劳。

2015年,我策划组织了首届中国浙江(千岛湖)国际摄影大展,吸引了近50个国家和地区的摄影家前来参赛,使得千岛湖乃至浙江摄影在国际摄影界的知名度得到了很大的提升。2017年11月,我们又举办了第二届中国浙江(湘湖)国

读图 IMAGES

▲ 千岛之春

▲ 千岛之秋

▲ 千岛之冬

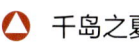 千岛之夏

际摄影大展，我想把这两年一届的国际摄影大展慢慢地成为浙江摄影的又一款国际摄影品牌，为浙江摄影走国际化和多元化发展做出我们应有的贡献。

我始终觉得，好作品往往需要天时地利人和，而勤奋和努力必不可少。运气由人来把握，只有踏踏实实去做，机遇才不至于失去，偶然更在必然之中。

每次当镜头定格之时，我的身心早已融入了周遭，表面上似乎是用手指按下了快门，实则我的手指听从了心的召唤、情的驱动，只有心动、情动之时，按下去的刹那才是最真实动人的瞬间。我经常和影友们说："要用情感去按快门。"我认为，作品要打动别人，首先要能先打动自己。

我从事摄影至今已经38年，自己拍过多少照片，已难以准确统计，但我的镜头始终聚焦我的家乡千岛湖，虽然如今已在杭州工作，但闲暇之余还是会回到千岛湖。千岛湖是生我养我的地方，一个人应懂得感恩，而我的感恩就要通过摄影来表现。我不仅要用摄影来展示千岛湖的美，我也有责任记录父老乡亲们的生活，用摄影讲好他们更有深度的故事。我觉得，一个摄影家终会苍老，但拍出有意义的图片可能会永久性地留存，而一些照片背后的故事也许会深深地感动着几代人。

读图 IMAGES

▲ 鸟渡屏风

　　回望自己的摄影生涯，我的人生的梦想也在不断随之变化。年轻时候想要多拿奖，而现在认识到了自己的社会担当与责任，梦想着能够记录生活、社会问题，让自己的照片更加具有历史价值。

　　在我的前半生中，许许多多的前辈、同行、同事和朋友，总是在我最需要的时候出现在我的面前，他们永远是我的良师益友，我们志同道合，刻骨铭心。我们的先辈已经给我们留下了曾经的景象，我们要为未来留下今天的景象，我也要留下今天值得留下的景象！

　　我坚信，热爱生活、关爱生命、扎根基层，信仰、忠诚、执着、担当、友爱，永远是一位摄影家出好作品乃至事业成功的基石。这38年来，我亲眼见证了中国改革开放的艰巨历程，并尽最大可能让照相机的镜头所及之处少留空白、少留遗憾。我深知，作为一名摄影工作者，这是使命！同时，更是幸运！因此，我真诚地感恩生活、感恩摄影、感恩时代、更加感恩那些曾经帮助和支持过我的人！

责任编辑/沈丽萍

▲ 金龙戏水

渔火邀月

一帆风顺

浙商开元名都酒店
GRAND NEW CENTURY HOTEL
Yuhang Hangzhou

酒店微信二维码

在酒店康体中心消费，还可享受以下福利：
※ 使用欢享茶水
※ 阅读报纸杂志
※ 使用VIP休息区
※ 享受高速WIFI冲浪
※ 使用更衣室和储物柜
※ 使用独立淋浴、浴巾，电吹风
※ 使用还木开元系列洗浴用品和护肤品

酒店康乐中心有次卡/月卡/季卡/半年卡/年卡热销中
电话：0571-88578888（转8688）
地址：杭州市余杭区南苑街道迎宾路535号浙商开元名都酒店B1层康乐中心

浙商开元名都酒店推出健身 双重优惠

进入冬季以后，人们对被窝的依赖越来越强，随着温度的降低，有时候加上雨雪天气的影响，人更是懒得出门，更别提运动健身了，所以冬季也是最容易积累脂肪的季节。

据专家说，为了消耗更多的脂肪，防止脂肪过多堆积，冬季反而要适当提高锻炼的强度和力度，增加动作的组数和次数，相应延长锻炼时间，但是冬季锻炼也要注意避免长时间在冷空气中。

那么，在室内锻炼是不是完美解决这个问题了呢？据了解，为了激发冬季健身兴趣，浙商开元名都酒店特意推出了健身双重优惠，不妨喊上小伙伴一起去健身！

第一重优惠是团购套餐，宾客可自由组团，三人成团，团购人数越多折扣力度越大，三人团购可享会员卡八折优惠，五人团购可享会员卡七折优惠，七人团购可享会员卡六折优惠，十人及以上团购可享会员卡五折优惠。（十次卡不在团购套餐内）

第二重优惠是以老带新奖励计划，凡康体俱乐部现有会员成功介绍新客人入会即可享受奖励，以一个月为计算周期，成功介绍入会3名，赠送康体消费券5张，成功介绍入会5名，赠送康体消费券8张，成功介绍入会10名，赠送康体十次卡2张。

浙商开元名都酒店康体中心位于酒店地下一层，配备有恒温泳池、健身房、兵乓球室、台球室、瑜伽馆。恒温泳池采用领先恒温科技，水深1.2米～1.4米，水温保持26℃～28℃，保证一年四季舒适亲肤水质和水温。健身房拥有跑步机、划船机、动感单车、仰卧起坐器、椭圆运转机、综合功能训练机、哑铃等多种专业器械，涵括有氧、力量和自由训练等健身项目。休息区提供免费自助茶水、毛巾，报纸杂志，可享高速无线上网、超清宽屏液晶电视。

吴哥

即使隐藏在几百年**无人打扰**的**浩瀚林海**之中，它一旦被**发掘**，便成为全世界的**奇迹**。而如今，这个庞大的**灰色建筑**，在历史的**痕迹**中早已蜕变成了一座**筋骨铿锵**的传言。

坐拥千年的守望
The Angkor

◎传奇标签◎

巴戎寺：由50多座石塔组成，每座塔顶的四边各雕刻有一张微笑着的巨大头像，凝视着远方。巴戎寺也是吴哥在修建过程中的第二个王都中心。

空中宫殿：全石结构的建筑。宫殿坐落在一个12米的高台上，形成了三层的金字塔结构。高台中心建有一塔，塔上涂金，在阳光的照射下光芒四射。由于台高，所以给人一种"空中宫殿"的感觉。

它"城为方形，四门有护城河环绕……建筑之独特无与伦比，其超绝非凡，笔墨难以形容"。1586年，旅行家安东尼奥·达·玛格达连那游历吴哥之后，回来就兴奋得手舞足蹈，眉飞色舞，但遗憾的是，他的叙述一直被世人视为天外奇谈，一笑置之。

其实旅游也可以是一种沉浸并且思考的姿态。如果你是这样敏感的人，那就去吴哥吧。这是一座被遗弃的古城，莽莽原林中一个门楣上的雕花、一种莫名铭刻的字体，一个不可错失的时间……都可让你的吴哥窟之旅异常生动并足以铭记。

吴哥古迹现存600多处，分布在面积45平方千米的森林里。大吴哥和小吴哥是它的主要组成部分，从12世纪开始，吴哥古迹便一直默默地屹立在高棉的大地上。悠悠的岁月中，见证过一个王朝的兴盛与没落，被重重的树林逐渐吞噬。穿梭在吴哥古迹，雨林的潮湿在所有的建筑上留下了一层滑腻的青色，参天的无花果树枝藤缠绕交错，木棉树与佛塔已经浑然一体。

如果你细心，就能从吴哥无数壁画与雕塑中发现别人忽略的有趣画面：清明节包粽子的乡民、漂洋过海的商人，还有挂着银元宝斗鸡的赌徒、挺着大肚子待产的孕妇、只绑一条丁字裤的少数民族组成的军队……走了再走，看过再看。把所有时间都交与吴哥，就能从这些精美绝伦的浮雕之中发现先人留下的耳语。

小吴哥是吴哥窟建筑群中最宏伟的一个，是一座由多层回廊环绕、浮雕精美神秘、逐层上升的高塔群，错落有致。早晨看着阳光一寸一寸地把塔尖染红，小吴哥的5座石塔仿佛莲花般横空出现在视野中。殿门外有藤萝缠绕的树，纯白粉红，摇曳生姿；穿着黄色衣服的僧侣

或倚在墙角，或踽踽独行。隔着平静的护城河看这千年前的伟大建筑，塔影倒映在水中，更平添了历史的沧桑。

吴哥窟的天女浮雕墙是吴哥窟最扣人心弦的景点。那些仙女浮雕造型各异，有的拈花微笑，有的翩翩起舞……天女雕像脸上神秘的微笑，比起蒙娜丽莎真是有过之而无不及。细细浏览着这些艺术，只觉得四处的浮雕仿佛都舞动了起来，周遭仿佛弥漫着花香、笑语……《摩诃婆罗多》与《罗摩衍那》的神话故事雕刻在重重的回廊上，一幅幅展开，久远的过去就在此拉开了帷幕。

千年风雨改变的是岁月，却未改变这座废墟的

华美。尤其是那么多的寺庙，每座寺庙都有独特的魅力。不妨静下心来，一个个拜访一遍，为自己的心灵洗礼。

巴戎寺是吴哥城的佛教中心，这里共有54座四面佛塔，每座塔的四面都是一张微笑的巨脸，共216张，每张脸都高达4米，低垂眼帘，唇角微翘，一副似笑非笑、高深莫测的样子。据说这是神的脸庞，此时透过重重微笑遥望远处的天，心中会逐渐安静得空无一物，连起身的想法都没有了。

吴哥窟建筑群中最具废弃感的建筑是塔布笼寺——曾经拍摄过《古墓丽影》的地方。千年的时光使整个建筑渐渐与森林融为一体，寺庙的建筑上有树木在生长，树根盘错地把整个寺庙包裹起来，成千上万的树根好像老人的皱纹一样，写在塔布笼寺这位老者的脸上，些许阳光透过浓密的树叶，照射进来，布满青苔的地面上斑驳一片，令人不由得感叹失落的文明。

吴哥是一段历史、一个朝代、一座古迹、一群建筑、一门艺术，时光在这里安静地坐下，从此不愿离去。

◎ 风景名片 ◎

地理位置：吴哥古迹位于柬埔寨西北，距柬埔寨首都金边300千米。

气候特征：热带季风气候。雨季是5~10月，气温徘徊在33℃左右；旱季为11月到次年的4月，平均气温为25℃~32℃。

面积：散布在45平方千米的森林里。

建筑历史：始建于公元802年，于1201年修建完成，前后历时400年。公元9~15世纪时曾为柬埔寨王都，最鼎盛时期人口达到数十万。

◎ 最佳推介 ◎

时间：11月至次年2月
心情：怀念与忘记
旅伴：朋友

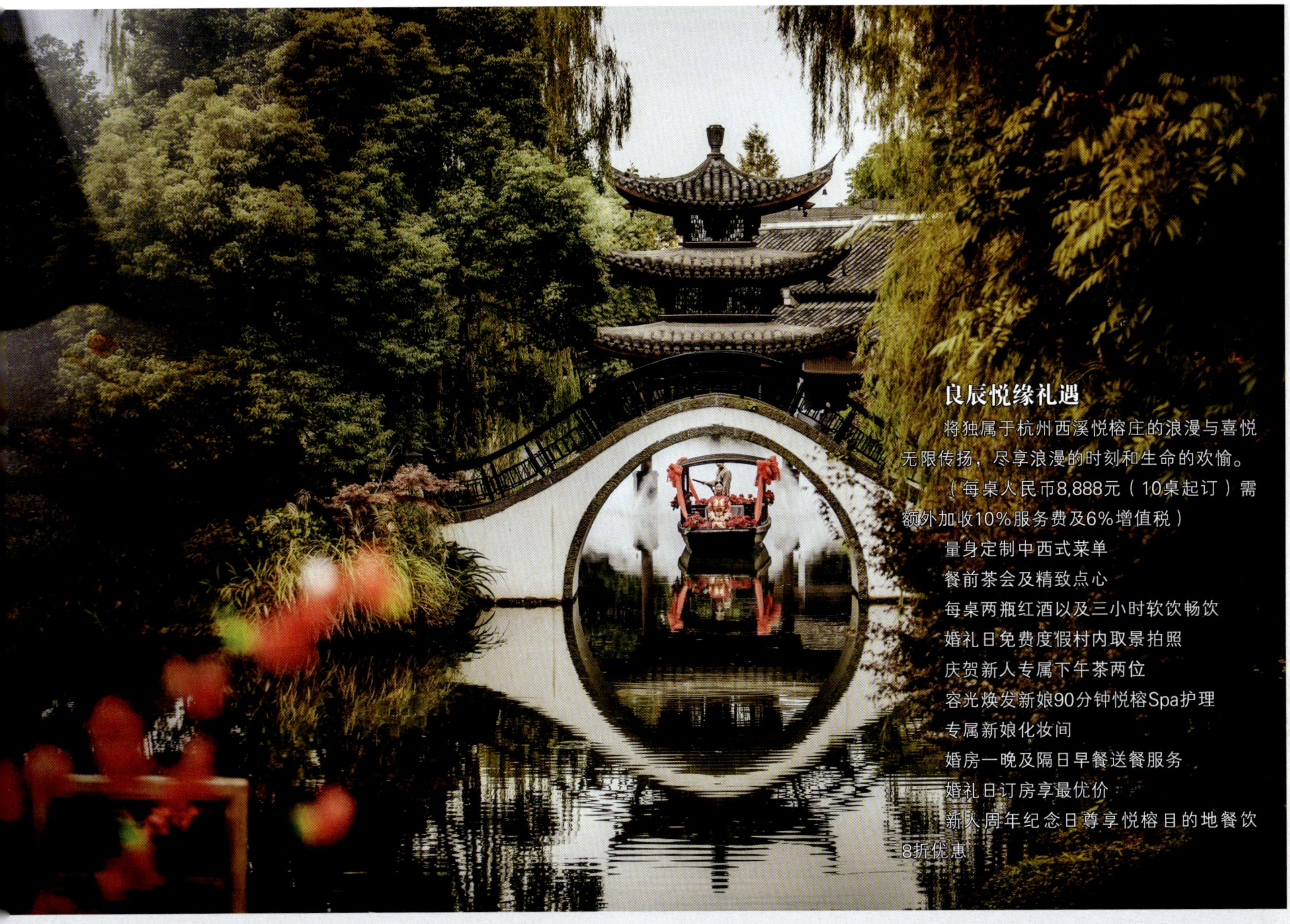

良辰悦缘礼遇

将独属于杭州西溪悦榕庄的浪漫与喜悦无限传扬，尽享浪漫的时刻和生命的欢愉。（每桌人民币8,888元（10桌起订）需额外加收10%服务费及6%增值税）

- 量身定制中西式菜单
- 餐前茶会及精致点心
- 每桌两瓶红酒以及三小时软饮畅饮
- 婚礼日免费度假村内取景拍照
- 庆贺新人专属下午茶两位
- 容光焕发新娘90分钟悦榕Spa护理
- 专属新娘化妆间
- 婚房一晚及隔日早餐送餐服务
- 婚礼日订房享最优价
- 新人周年纪念日尊享悦榕目的地餐饮8折优惠

三生缘夙定 "悦"合佳偶
杭州西溪悦榕庄婚宴

杭州，春有青黛含翠，桃柳夹岸，夏季接天连碧，秋赏桂子，冬雪红梅绽放，四时八节，是风景连成的长卷，处处皆是景。在杭州的婚礼，当然也自有其独到之处。位于湿地国家公园畔的杭州西溪悦榕庄，正是这些意境的完美体现之处。

归隐与浪漫，是悦榕庄不朽的主题。在白墙黑瓦，小桥流水，亭台楼阁，鸟语花香的意境中，办一场江南韵味十足的婚礼。古典私家庭院的别墅新房，在红酒氤氲的陶醉中享受亲密时光；中式传统婚嫁之船仪式，弱水三千只取一瓢的脉脉深情；经典大气的古典装饰宴会厅，尽享精致宴席满盘珍馐；宽阔草坪、蔚蓝天空，在诗意自然氛围中，许下真挚誓言。

自然风光、地域特色、文化底蕴、至尊享受、游离于世外的意境以及体贴入微的服务，最适合携侣而至的浪漫游客。杭州西溪悦榕庄不仅拥有大宴会厅等多个室内婚宴场所，满足不同规模及风格的婚宴需求，更有提供户外婚礼的天然草坪，水韵优雅之间，体会传统浪漫。

地址：杭州市西湖区紫金港路西溪天堂国际旅游综合体2号
电话：0571-85860000分机7027

▶BANYANTREE.COM　　E-mail:carol.lu@banyantreehangzhou.com

浙江舜达伟业物资有限公司

浙江舜达伟业物资有限公司
地址：杭州市萧山区新街工业园区
电话：0571-82712143

萧山舜达
地址：杭州市萧山区城东通货路38号
电话：0571-82727578 82718380

城东分公司
地址：杭州市萧山区萧绍路68号
电话：0571-82724899

杭州伟达
地址：杭州市石祥路266号
电话：0571-88167936 88167428 88167937

上海万舜金属材料有限公司
地址：上海宝山友谊路1508弄（晶钢商务）1号502室
电话：021-51252000 51250001 51250002

S
舜达伟业
trong quality

公司成立于1995年，拥有净资产3.2亿元，年销售收入10亿元。

公司以宝钢、鞍本钢、杭钢产品为依托，生产和经营彩色涂层钢卷、镀锌钢卷、彩钢夹芯复合板、彩钢压型板、镀锌压型板、镀锌楼承板、C/Z型钢檩条、轻钢结构等新型绿色环保材料。品种齐、规格全、加工质量有保证。

公司是一家集科研、生产、经营、施工为一体的现代化涂料生产企业，占地28000平方米，首期建筑面积8000平方米的特种涂料厂，具有年生产防腐蚀涂料5000吨，钢结构专用漆10000吨，卷材涂料10000吨的生产能力。

公司已通过ISO9001-2000质量管理体系认证，引进高新技术、高级人才及现代化的实验检测设备，开发生产的各种工业涂料、防腐涂料、地面涂料、食品饮水涂料、木器家具涂料、轻工家电涂料、卷材涂料、中高档建筑涂料等系列产品广泛应用于各类化工厂、污水处理、煤气公司、发电厂、石油、制药、化工设备、钢架、储罐、输送管道、自来水管道、建筑用瓦楞板、彩涂生产线、家电轻工业（冰箱、洗衣机）及民用建筑内外墙的装饰等。公司下属的防腐分公司，是一家颇具实力的防腐蚀施工企业，拥有雄厚的技术和先进的施工设备，以及一支技术过硬的施工队伍。

| CXQQGD. B2B. HC360. COM | 浙江钱浪涂料科技有限公司

杭州市杭商研究会
HANGZHOU MERCHANTS RESEARCH ASSOCIATION

会　长：
王水福　　西子联合控股有限公司董事长
常务副会长：
聂忠海　　杭汽轮集团有限公司董事长
轮值会长：
胡季强　　康恩贝集团有限公司董事长
蒋　明　　杭氧集团有限公司董事长
沈金荣　　中策橡胶集团有限公司董事长
竺福江　　杭州民生医药控股集团有限公司董事长
童民强　　杭州解百集团股份有限公司董事长
陆鸿敏　　杭州金鱼电器集团有限公司董事长
钱　峰　　浙江文创控股集团有限公司董事长
屠红燕　　万事利集团有限公司董事长
张国标　　富春控股集团有限公司董事长
田　宁　　浙江盘石信息技术有限公司董事长兼首席执行官
王麒诚　　汉鼎宇佑集团有限公司董事长
陶晓莺　　三替集团有限公司董事长
郑晓峰　　杭州千岛湖啤酒有限公司董事长
副会长：
辛　薇　　杭州市政协巡视员
吴晓波　　浙江大学管理学院院长、浙江大学全球浙商研究院院长
陈　智　　浙江大学医学院常务副院长、教授
王曙光　　浙商研究会副会长、浙江大学管理学院研究员、教授
杨轶清　　浙商研究会副会长、浙江工商大学浙商研究院副院长
胡宏伟　　浙商研究会副会长、东方早报社副社长兼浙江分社社长
徐王婴　　浙商研究会副会长、秘书长
张晓敏　　杭商研究会常务副秘书长
郭常平　　浙江大学继续教育学院副院长
仇建平　　巨星投资控股集团有限公司董事长
汪建敏　　杭州千岛湖发展有限公司总经理
陈烟土　　浙江新南北控股集团有限公司董事长
陈贤兴　　利尔达科技集团股份有限公司董事长
张　晨　　杭州联合银行董事长
吴启元　　浙江君亭酒店管理股份有限公司董事长
章国经　　西湖电子集团有限公司党委书记、董事长
朱明虬　　思美传媒股份有限公司董事长
叶水泉　　杭州源牌集团有限公司董事长
陈　斌　　赛伯乐基金创始合伙人兼总裁
徐建军　　开始众筹创始人兼CEO
张良伦　　贝贝网创始人兼CEO
管建平　　风雅颂扬文化传播集团（杭州）有限公司董事长
秘书长：
辛　薇　　杭州市政协巡视员
常务副秘书长：
张晓敏　　杭州市杭商研究会常务副秘书长（兼）
副秘书长：
姚丽萍　　杭报集团副总编辑
张国华　　杭州种业集团副总经理
莫兆洋　　杭氧集团有限公司办公室主任
叶芙蕾　　杭州解百股份有限公司综合办公室主任
付立飞　　西子联合控股有限公司党办主任
李　波　　杭州金鱼电器集团有限公司总经理助理
倪国良　　中策橡胶集团有限公司办公室主任
陈燕平　　康恩贝集团公司总裁办副主任
茅丽红　　民生药业集团有限公司办公室主任
周永亮　　华东医药股份有限公司副总经理
汪君玮　　杭州市文化创意协会常务秘书长
袁　秩　　富春控股集团有限公司董办副主任
钟晓晓　　农夫山泉股份有限公司总裁办主任
王　红　　浙江盘石信息技术有限公司总裁办主任
叶　臻　　三替集团有限公司董事长助理
闻光凯　　汉鼎宇佑集团有限公司董事长助理
刘铁军　　杭州市金融投资集团办公室主任
程　翀　　万事利集团有限公司办公室主任
陈明亮　　杭汽轮集团有限公司办公室副主任
许君波　　杭州市发展研究中心文化建设研究处副处长
王　莉　　杭州市杭商研究会培训中心主任

韩建明 摄

常务理事

丁少华	杭州吉利易云科技有限公司总经理	张炎良	杭州市园林绿化股份有限公司总裁
丁浚哲	浙江厚道资产管理有限公司总裁	张艳阳	浙江小咖投资管理有限公司创始合伙人
丁惠敏	浙江省老字号企业协会秘书长	陆幼江	浙江五联律师事务所主任、市律师协会党委委员
马兴法	天马控股集团有限公司董事长	陈杭生	浙江中新力合控股有限公司总裁
王 明	浙江省众智互联网研究院院长	陈宗年	杭州海康威视数字技术股份有限公司董事长
王文娟	杭州博创企业管理咨询有限公司总经理	陈海斌	浙江迪安诊断技术股份有限公司董事长
王伟础	杭州市城市品牌促进会秘书长	林 东	杭州绿盛集团有限公司董事长
王米成	杭州鸿雁电器有限公司总经理	金 波	FM89广播电台总监
王敏翔	浙江邮美实业有限公司集团CEO	金 峰	浙江尉庭新能源科技有限公司董事长
毛靖翔	杭州米趣网络科技有限公司董事长	周永亮	华东医药股份有限公司副总经理
方 毅	浙江每日互动网络科技有限公司总经理	周建中	浙江数联云实业有限公司董事长
方向生	杭州硬功馆科技有限公司创始人	郑建武	浙江脸谱科技有限公司董事长
兰建军	杭州小拇指汽车维修科技股份有限公司总裁	赵礼敏	杭叉集团股份有限公司董事长
朱跃明	浙江久加久食品饮料连锁有限公司董事长	赵云池	浙江小咖投资管理有限公司合伙人
刘 恩	浙江智仁律师事务所主任	胡祥甫	浙江金道律师事务所主任
安 行	杭州天任生物科技有限公司创始人	钟睒睒	农夫山泉股份有限公司董事长
许 亮	市旅行社协会副会长、中国国旅（浙江）国际旅行社有限公司总经理	姜广勇	杭州九阳小家电有限公司董事长
孙叶明	杭州启思创投资管理有限公司董事长	姜巨舫	浙江英特药业有限责任公司总经理
李 琦	杭州瑞德设计有限公司创始人	祝旭慷	浙江南鸿装饰股份有限公司董事长
李立成	杭州凸凹文化发展有限公司总经理	聂 伟	杭州读旅教育科技有限公司总经理
李金宝	桐君堂药业有限公司董事长	钱迪文	大新华国际会议展览有限公司浙江分公司总经理
李晓桃	杭州欣盛房地产开发有限公司总经理	席挺军	杭州文化娱乐品牌促进会常务副会长
杨罕闻	杭州万承志堂国药官有限公司董事长	李炳清	雷迪森旅业集团常务副总裁
吴宇飞	杭州博见企业管理咨询有限公司总经理	董顺翔	知味观床庄餐饮有限公司总经理
吴国平	浙江外婆餐饮有限公司创始人	嵇国光	杭州久盛管理咨询集团有限公司总经理
吴晓农	浙大网新信息控股有限公司副总裁	程力栋	浙江永乐影视股份有限公司董事长
何 澜	杭州爱蹭课网络科技有限公司总经理	傅小刚	杭州悦蓉科技有限公司董事长
邹宗平	杭州海丝泉化妆品有限公司董事长	傅利泉	浙江大华技术股份有限公司董事长
沙建国	杭州茶爽科技有限公司执行董事	傅政军	天鸽互动控股有限公司CEO
沈 骏	康凯科技（杭州）有限公司董事长	谢利河	杭州慧合利企业管理咨询有限公司总经理
沈宇清	杭州市青藤茶馆有限公司董事长	蔡红亮	杭州郝姆斯食品有限公司总经理
张国华	杭州种业集团副总经理	缪 亮	运动世界创始人
张昌金	浙江慧通广告有限公司董事长		

ALLIANCE OF HANGZHOU BUSINESS INTERNATIONAL INNOVATION
杭商国际化创新联盟

　　杭商国际化创新联盟成立于2016年8月，是杭商培育品牌、记录成就、展示成果、沟通信息、交流经验的重要阵地。联盟联合国内顶级经济智库，优质创投公司，境外一线财富管理机构、医疗服务部门、中央及省市新闻单位，为成员单位提供国内资产优化、创业投资、财富管理、海外体检医疗及媒体资源整合等服务。

主席团

宗庆后	娃哈哈集团有限公司董事长
汪力成	华立集团股份有限公司董事局主席
王水福	西子联合控股有限公司董事长
陈妙林	开元旅业集团有限公司董事长
周立武	兴源环境科技股份有限公司董事长
陈越孟	浙商创投股份有限公司董事长
陈晓锋	浙江科发资本管理有限公司董事长
李继林	凯喜雅集团董事长
林典誉	达利（中国）有限公司总经理
方吾校	胜达集团有限公司董事局主席
马仁德	香港好德利集团董事局主席
田　宁	盘石网盟董事长
应仁忠	西纳维思(杭州)服装服饰有限公司董事长
陈　敏	杭州利星名品百货广场有限公司董事长
项兴良	开氏集团有限公司董事长
蒋文龙	浙江水欣控股集团有限公司董事长
傅妙奎	柳桥集团有限公司董事长

常务理事

丁国良	杭州天创环境科技股份有限公司董事长
叶水泉	源牌集团董事长
刘　琼	杭州米络科技有限公司董事长
刘红才	浙江申通快件服务有限公司总经理
江有归	杭州泰一指尚科技有限公司董事长
何永富	杭州之江有机硅化工有限公司董事长
沈新荣	杭州哲达科技股份有限公司董事长兼总裁
邵海燕	浙江尚哲投资管理有限公司董事长
陈　凯	杭州华普永明光电股份有限公司董事长
吴家平	杭州佳平影业有限公司董事长
吴俊宏	浙江远图互联科技股份有限公司董事长
陆张法	浙江宏发集团有限公司董事长
张朝设	浙江港流高分子科技股份有限公司董事长
孟宏亮	杭州元弘投资管理有限公司董事长
范　渊	杭州安恒信息技术有限公司董事长
胡　强	杭州中广物业管理服务有限公司董事长
胡敏翔	杭州绩优投资管理有限公司董事长
高　敏	汉帛国际有限公司总裁
顾惠波	浙江甲骨文超级码科技股份有限公司董事长
倪卫明	杭州田厚市政有限公司董事长
章金顺	杭州西苑跨湖楼餐饮有限公司董事长
童妙兴	杭州汇成建设工程有限公司董事长
傅　丽	浙江路易房地产开发有限公司董事长

理事

马仁爱	杭州红妍颜料化工有限公司总经理
马雪峰	杭州涌源投资有限公司董事长
王玲娟	浙江金迪控股集团有限公司总经理
王　炜	浙江荣庆工程管理有限公司董事长
田伟建	杭州田野提花织造有限公司董事长
冯水军	杭州铭绿建材有限公司总经理

李　敏	浙江人众金融服务股份有限公司董事长
许凤娟	杭州南峰非织造布有限公司总经理
汪娅平	浙江蕾蕾美颜连锁发展有限公司董事长
张　俊	杭州发达齿轮箱集团有限公司董事长
张子钢	杭州掌维科技股份有限公司董事长
余建国	浙江国杰建设有限公司董事长
杨水福	杭州重型钢管有限公司董事长
沈　迪	杭州映山花颜料化工有限公司董事长
沈　源	杭州开元管件有限公司
沈浙皓	浙江美邦实业集团有限公司董事长
邹怡臻	杭州铁集货运股份有限公司总经理
陈　伟	杭州万达方向机有限公司董事长
陈国火	浙江数通实业有限公司董事长
陈张洪	杭州潮洪建材有限公司董事长
汪国灿	杭州萧山佳美保洁有限公司总经理
李利珍	浙江力禾集团有限公司董事长
陆长兴	杭州杭新印花整理有限公司总经理
周友春	杭州萧山园林集团有限公司董事长
俞春根	浙江久工精密机械有限公司董事长
赵丽萍	杭州花之城纺织有限公司总经理
高清淼	杭州巨创网络科技有限公司董事长
高利峰	杭州祥程资产管理有限公司
桑张耿	浙江舜达伟业物资有限公司总经理
翁建坤	杭州航峰金属材料制造有限公司董事长
莫甫根	杭州金南工量具有限公司董事长
黄成安	浙江奥展实业有限公司总经理
朱念东	林森建设集团董事长
程常杰	浙江天蓝环保技术股份有限公司总经理
曾曙光	浙江融哲律师事务所主任
楼伟杰	杭州海尔希畜牧科技有限公司董事长
蔡才勤	浙江萧山建宏商品混凝土有限责任公司总经理
蔡志楣	杭州钱浪涂料科技有限公司董事长

会员

丁兆祥	杭州晨莹自行车配件有限公司总经理
卜士良	杭州吉利机械有限公司董事长
王国林	杭州豪康幕墙装饰有限公司总经理
汤劲刚	杭州塞勒尼光电科技有限公司董事长
杨　云	杭州晓阳水产品有限公司董事长
范小明	浙江恒迪寝具有限公司总经理
俞悦利	杭州悦达市政建设工程有限公司总经理
赵万里	杭州瑞丰汉艺纺织品有限公司董事长
高贤军	杭州华美制衣有限公司总经理
高尧泉	杭州萧山建一五金有限公司总经理
徐红英	杭州萧山鼎福门大酒店总经理
傅世根	杭州天宇化工有限公司总经理
傅小青	杭州通ساح机械有限公司总经理
缪建章	杭州杭新印花整理有限公司厂长

HANGSHANG GALLERY

您可以在以下场所阅读到本刊 （排序不分先后）

西湖高尔夫
WESTLAKE GOLF CLUB
地址：杭州之江大道200号
电话：0571-8709 7799

FUCHUN RESORT
Hangzhou
富春山居高尔夫俱乐部
地址：富阳市杭富沿江公路富阳段
电话：0571-6346 1111

Hilton
SANYA YALONG BAY RESORT & SPA
金茂三亚亚龙湾希尔顿大酒店
地址：三亚市亚龙湾国家旅游度假区
0898-8858 8888

MARRIOTT RESORT
SANYA YALONG BAY
三亚亚龙湾万豪度假酒店
地址：三亚市亚龙湾国家旅游度假区
电话：0898-8856 8888

杭州西湖国宾馆
HANGZHOU XIHU STATE GUESTHOUSE
地址：杭州市杨公堤18号
电话：0571-8797 9889

杭州香格里拉饭店
Shangri-La hotel
HANGZHOU, CHINA
地址：杭州市北山路78号
电话：0571-8797 7951

浦东香格里拉大酒店
Pudong Shangri-La
SHANGHAI
地址：上海浦东富城路33号
电话：021-2828 6319

FOUR SEASONS HOTEL
Hangzhou at West Lake
地址：杭州市灵隐路5号
电话：0571-8829 8888

杭州开元名都大酒店
NEW CENTURY GRAND HOTEL HANGZHOU
HANGZHOU CHINA
地址：杭州市萧山区市心中路818号
电话：0571-8288 8888

绍兴开元名都大酒店
NEW CENTURY GRAND HOTEL SHAOXING
SHAOXING CHINA
地址：绍兴市越城区人民东路278号
电话：0575-8809 8888

诸暨耀江开元名都大酒店
YAOJIANG NEW CENTURY GRAND HOTEL ZHUJI
SHAOXING CHINA
地址：诸暨市环城东路207号
电话：0575-8879 8888

杭州千岛湖开元度假村
NEW CENTURY RESORT QIANDAO LAKE HANGZHOU
HANGZHOU CHINA
地址：杭州市淳安千岛湖镇麒麟半岛
电话：0571-6501 8888

杭州千岛龙庭开元大酒店
LONGTING NEW CENTURY HOTEL QIANDAO LAKE HANGZHOU
HANGZHOU CHINA
地址：杭州市淳安县千岛湖环湖南路1号
电话：0571-6506 8888

浙江三立开元名都大酒店
SANLI NEW CENTURY GRAND HOTEL ZHEJIANG
HANGZHOU CHINA
地址：杭州市下城区绍兴路538号
电话：0571-8509 9999

桐庐开元名都大酒店
NEW CENTURY GRAND HOTEL TONGLU
HANGZHOU CHINA
地址：杭州市桐庐白云源路999号
电话：0571-6981 8888

余姚四明湖开元山庄
NEW CENTURY RESORT SIMING LAKE
YUYAO CHINA
地址：余姚市梁弄镇狮子山
电话：0574-6237 7777

DAYU KAIYUAN
大禹·开元
地址：绍兴市二环南路1988号
0575-8829 8888

SOFITEL
LUXURY HOTELS
杭州索菲特西湖大酒店
HANGZHOU WESTLAKE
地址：杭州市西湖大道333号
电话：0571-8707 5858

CROWNE PLAZA
HANGZHOU XANADU RESORT
杭州世外桃源皇冠假日酒店
地址：杭州市萧山区湘湖路3318号
电话：0571-8388 0888

INTERCONTINENTAL
ONE THOUSAND ISLAND LAKE RESORT
千岛湖洲际度假酒店
地址：淳安县千岛湖镇羡山半岛
电话：0571-8881 8888

Hilton
HANGZHOU
QIANDAO LAKE RESORT
杭州千岛湖滨江希尔顿度假酒店
地址：淳安县千岛湖环湖北路600号
电话：0571-6508 6666

NARADA
Resort & Spa
QIANDAO LAKE · CHINA
千岛湖梅地亚君澜度假酒店
地址：淳安县千岛湖镇梦姑路488号
电话：0571-6498 8888

千岛湖润和建国度假酒店
QIANDAOHU RUNHE JIANGUO HOTEL
杭州
地址：淳安县千岛湖镇梦菇路298号
0571-6508 9999

BRIGHT
Resort Qiandao Lake
千岛湖伯瑞特度假酒店
地址：淳安县千岛湖镇港口路369号
电话：0571-6499 7777

千岛湖温馨岛蝶来度假酒店
DEEFLY THOUSAND-ISLAND LAKE HANGZHOU
地址：杭州市淳安县千岛湖镇温馨岛
电话：0571-6501 2888

Sheraton
Hangzhou
WETLAND PARK
RESORT
杭州西溪喜来登度假酒店
地址：杭州市紫金港路西溪天堂
电话：0571-8500 2222

地址：三亚市海棠湾镇蜈支洲岛
0898-8885 3666

地址：杭州市曙光路122号
电话：0571-8799 0888

地址：杭州市滨江区东信大道868号
电话：0571-2887 8888

蝶来浙江宾馆
DEEFLY ZHEJIANG HOTEL
地址：杭州市三台山路278号
电话：0571-8718 0808

地址：西湖区紫金港路21号西溪天堂
电话：0571-8586 0000

地址：西湖区紫金港路21号西溪天堂
电话：0571-8500 2000

地址：杭州市西湖区文二西路803号
电话：0571-8539 6666

地址：杭州市平海路2号
电话：0571-8708 8088

地址：杭州市萧山区市心北路108号
电话：0571-8378 8888

地址：杭州市下城区体育场路333号
电话：0571-8515 8888

地址：杭州市西湖区龙井路里鸡笼山86号
电话：0571-8691 6666

地址：杭州市桐庐城南街道金中路1号
电话：0571-6433 3999

地点：太湖旅游度假区梅洲路288号
电话：0572-213 6688

地址：上虞市市民大道555号
电话：0575-8279 8888

地址：舟山市普陀山法雨路115号
电话：0580-6 69 0666

地址：舟山市定海区青垒路120号凤凰岛
电话：0580-803 1188

地址：杭州余杭区良渚文化村内
电话：0571-8900 8888

地址：杭州市萧山区通惠中路218号
电话：0571-8288 7888

地址：淳安县千岛湖镇新安北路
电话：0571-6508 8888

地址：富阳东洲街道株林坞万科公望会
电话：0571-8719 6166

地址：良渚文化村白鹭郡南春漫里
电话：0571-8876 7755

地址：余杭区径山镇双溪漂流景区内
电话：0571-8850 2888

地址：杭州市艮山西路288号
电话：0571-8676 7888

地址：杭州市南山路171号
电话：0571-8718 1888

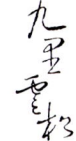
地址：杭州市灵隐路18-8号
电话：0571-8798 7999

地址：杭州市紫金港路西溪天堂
电话：0571-8500 2888

地址：杭州市教工路28号
电话：0571-8899 3131

地址：绍兴市府山西路100号
电话：0575-8516 6788

地址：绍兴市解放南路680号
电话：0575-8806 8688

半岛酒店
Peninsula Hotel
宁波石浦半岛酒店
地址：宁波市象山县金山路218号
电话：0574-6599 9999

桐庐世贸大酒店
WORLD TRADE HOTEL
TongLu·China
地址：浙江桐庐迎春南路36号
电话：0571-6999 9999

HONGLOU
INTERNATIONAL HOTEL
地址：杭州市桐庐县富春路158号
电话：0571-6987 8888

恒元大酒店
Hengyuan Hotel
Cixi China
地址：慈溪市杭州湾区滨海一路55号
电话：0574-5858 9999

假日酒店
Holiday Inn
杭州萧山众安
HANGZHOU XIAOSHAN
地址：杭州市萧山区山阴路688号
电话：0571-8297 7777

乌镇黄金水岸大酒店
Gold River-Side Hotel WuZhen
地址：嘉兴市桐乡乌镇青镇路8号
电话：0573-8872 8888

建德半岛凯豪大酒店
JIANDE PENINSULA KAIHAO HOTEL
地址：杭州市建德新安东路688
电话：0571-6418 5888

RAMADA PLAZA
HANGZHOU XIAOSHAN
杭州英冠华美达广场酒店
地址：萧山临江工业园区经五路98-18号
电话：0571-8381 1777

SOUTH CHINA
浙江南国大酒店
★★★★★
地址：富阳市馆驿里8号
电话：0571-6313 8888

宝盛水博园大酒店
Blossom Water Museum Hotel
地址：杭州市萧山区水博大道8号
电话：0571-8350 0888

SSAW
君亭湖滨酒店
SSAW HOTELS
地址：杭州市解放路221号
电话：0571-2803 3666

SSAW
世贸·君亭艺联酒店
SSAW HOTELS
地址：杭州市学院路29号
电话：0571-8512 2666

SSAW
世贸·君亭广场酒店
SSAW HOTELS
地址：杭州市体育场路261号
电话：0571-2811 6666

和孚
THE HOSTEL
杭州和孚精舍
地址：杭州上城区万松岭路94号
电话：0571-8655 7700

古虞山莊
Wintersweet Mountain Retreat
地址：中国 杭州余杭超山风景名胜区
电话：0571-8631 5700

大年初一
SPRING ALPHA RESORT
风景小镇
地址：安吉县天荒坪镇大年初一风景小镇
电话：0572-585 0000

CAMPSORT
帐篷客
地址：湖州市安吉县大山坞自然村68号
电话：0572-513 8166

Hilton
DALI RESORT & SPA
大理实力希尔顿酒店
地址：大理市七里桥感通路以南
电话：0872-668 8888

阿尔卡迪亚阳光酒店
ARCADIA SUNSHINE HOTEL
地址：黄山市黄山区太平湖金盆湾
电话：0559-219 8888

CROWNE PLAZA
HUANGSHAN TAIPING LAKE
黄山太平湖绿地皇冠假日酒店
地址：黄山区太平湖风景区滨湖大道一号
电话：0559-529 8888-8301

ORIENTAL GRAND HOTEL
SHAOXING
东方山水金沙酒店
地址：绍兴市柯桥区稽山南路88号
电话：0575-8999 0000

象山港国际大酒店
XSHHOTEL
NINGBO CHINA
地址：宁波市象山县象山港路1111号
电话：0574-6577 8888

舟山普陀山祥生大酒店
地址：舟山市普陀区普陀山镇合兴西苑
电话：0580-669 6666

龙泉国际大酒店
LONGQUAN INTERNATIONAL HOTEL
地址：龙泉市剑池东路29号
电话：0578-718 8000

富阳国际贸易中心大酒店
INTERNATIONAL TRADE CENTER
HOTEL F.Y.
★★★★★
地址：富阳江滨西大道56号
电话：0571-2323 8888

NARADA
Resort & Spa
MIRROR LAKE · CHINA
君澜·绍兴鉴湖大酒店
地址：绍兴市柯岩大道518号
0575-8556 8888

CROWNE PLAZA
SHAOXING
绍兴世茂皇冠假日酒店
地址：绍兴市越城区胜利东路379号
0575-8910 8888

战略合作联盟

阿里巴巴（中国）网络技术有限公司
地址：杭州市滨江区网商路699号
电话：0571-8502 2088

杭州娃哈哈集团有限公司
地址：杭州市清泰街160号
电话：0571-8788 0592

开元旅业集团
NEW CENTURY TOURISM GROUP
地址：杭州市萧山区市心中路818号
电话：0571-8288 8888

浙江科发资本管理有限公司
地址：下城区庆春路38号金龙财富中心
电话：0571-8993 9939

开氏集团有限公司
地址：杭州市萧山区衙前镇
电话：0571-8278 3388

High Fashion International
達利國際集團
达利国际集团
网址：www.highfashion.com.hk
邮箱：info@highfashion.com.hk

浙江水欣控股集团有限公司
地址：杭州市寰宇商务中心A座2005室
电话：0571-8160 7532

浙江港流高分子科技股份有限公司
地址：杭州市钱江世纪城民和路800号
电话：0571-8587 0851

《杭商》还向以下单位提供阅读服务

机场
北京首都国际机场
上海浦东国际机场
上海虹桥国际机场
天津滨海国际机场
重庆江北国际机场
沈阳桃仙国际机场
大连周水子国际机场
广州白云机场
深圳宝安国际机场
三亚凤凰国际机场
厦门高崎机场
杭州萧山国际机场
宁波栎社国际机场

图书馆
中国国家图书馆
首都图书馆
上海市图书馆
天津图书馆
重庆市图书馆
河北省图书馆

石家庄市图书馆
山西省图书馆
太原市图书馆
内蒙古图书馆
黑龙江省图书馆
哈尔滨市图书馆总馆
吉林省图书馆
长春市图书馆
辽宁省图书馆
沈阳市图书馆
广东省中山图书馆
广西壮族自治区图书馆
南宁图书馆
海南省图书馆
海口图书馆
湖北省图书馆
武汉图书馆
安徽省图书馆
合肥市图书馆
江苏省图书馆
南京市图书馆

山东省图书馆
济南市图书馆
浙江图书馆
杭州图书馆
福建省图书馆
福州市图书馆
江西省图书馆
南昌市图书馆
湖南省图书馆
长沙市图书馆
河南省图书馆
郑州市图书馆
陕西省图书馆
西安市图书馆
甘肃省图书馆
兰州市图书馆
新疆维吾尔自治区图书馆
乌鲁木齐图书馆
青海省图书馆
西宁图书馆
宁夏图书馆

银川图书馆
四川省图书馆
成都市图书馆
贵州省图书馆
贵阳市图书馆
云南省图书馆
昆明图书馆
西藏自治区图书馆
拉萨市图书馆

以下人士是《杭商》赠阅的主要对象

★ 国家有关部委领导，浙江省及省内地级或以上城市领导；
★ 国家及省级有关经济研究机构负责人；
★ 杭州市级机关领导班子成员，各县（市、区）领导班子成员及县（市、区）管干部；
★ 在杭国家级及省级开发区领导班子成员；
★ 世界企业500强在杭机构，在杭中央、省属国企，杭州市大企业大集团、重点企业、拟培育重点工业企业负责人；
★ 其他我们认为有赠阅价值的各界人士……

图书在版编目（CIP）数据

杭商.2018（第二辑）/《杭商》编辑部编.—北京：经济管理出版社，2018.3
ISBN 978-7-5096-5704-1

Ⅰ.①杭… Ⅱ.①杭… Ⅲ.①商业史—研究—杭州 Ⅳ.①F729

中国版本图书馆CIP数据核字（2018）第053115号

出　　版：	经济管理出版社
	（北京市海淀区北蜂窝8号中雅大厦A座11层　100038）
责任编辑：	张巧梅　谭　伟
电　　话：	（010）51915602
经　　销：	新华书店
印　　刷：	杭州强顺印刷有限公司
开　　本：	210mm×285mm　1/16
印　　张：	10.75
字　　数：	255千字
版　　次：	2018年3月第1版
印　　次：	2018年3月第1次印刷
书　　号：	ISBN 978-7-5096-5704-1
定　　价：	30.00元

（版权所有，翻印必究）